Sigrid Berg

**Biblische Bilder
und Symbole
erfahren**

Sigrid Berg

Biblische Bilder und Symbole erfahren

Ein Material- und Arbeitsbuch

Kösel/Calwer

Ebenfalls von Sigrid Berg:

Kreative Bibelarbeit in Gruppen
16 Vorschläge

157 Seiten. Mit 6 Dias
ISBN 3-466-36338-1 (Kösel)
ISBN 3-7668-3142-9 (Calwer)

ISBN 3-466-36443-4 (Kösel)
ISBN-3-7668-3413-4 (Calwer)

© 1996 by Kösel-Verlag GmbH & Co., München, und Calwer Verlag, Stuttgart
Printed in Germany. Alle Rechte vorbehalten
Druck und Bindung: Kösel, Kempten
Umschlag: Elisabeth Petersen, Glonn
Umschlagmotiv: Hannelore Clemenz-Rau, Rosbach

1 2 3 4 5 · 00 99 98 97 96

*Gedruckt auf umweltfreundlich hergestelltem Werkdruckpapier
(säurefrei und chlorfrei gebleicht)*

Inhalt

Einleitung   7
1. Zur Entstehung des Buches   7
2. Ziel des Buches   9
3. Die unterschiedlichen Materialien 11
4. Wie man mit dem Buch arbeiten kann 14

... da wurden ihnen die Augen geöffnet ... *(Matthäus 9,30)*
Bild des Auges 21

Hinweise zum Aufbau und Gebrauch des Kapitels 22
Sehen – blind sein 24
Sehend werden – sehen lernen 31
Auf die Blickrichtung kommt es an 38

Neige deine Ohren zu mir, höre meine Rede ... *(Psalm 17,6)*
Bild des Ohres 47

Hinweise zum Aufbau und Gebrauch des Kapitels 48
Hören – gehört werden. Hören – sich Gehör verschaffen 50
Hören – zuhören 56
Hören – gehorchen. Worauf höre ich? 62

... der Herr hält ihn fest an der Hand *(Psalm 37.24)*
Bild der Hand 71

Hinweise zum Aufbau und Gebrauch des Kapitels 72
Aus Gottes Hand ... in Gottes Hand 74
Menschenhände – meine Hände 83
Auf Händen getragen – auf Händen tragen 89

... auf Adlerflügeln getragen ... *(Exodus 19,4)*
Bild des Adlers 99

Hinweise zum Aufbau und Gebrauch des Kapitels 100
Auf Adlerflügeln getragen 103
»Fliegen« lernen 106
Flügel wie ein Adler 110
Der Adler in mir 113

... ich sehe Menschen wie Bäume ... *(Markus 8,23)*
Bild des Baumes 121

Hinweise zum Aufbau und Gebrauch des Kapitels 122
Baum-Erfahrungen – Menschen-Erfahrungen 124
Baum-Geschichten – Menschen-Geschichten 134
Baum-Wünsche – Menschen-Wünsche 141

Meinen Bogen setze ich in die Wolken ... *(Genesis 9,13)*
Bild des Regenbogens 149

Hinweise zum Aufbau und Gebrauch des Kapitels 150
Regenbogen – Sinnbild für Frieden, Treue und Hoffnung 152
Regenbogen – Angebot von Fülle 161
Regenbogen – Brücke zwischen Menschen 166

... ich lege einen Grundstein ... *(Jesaja 28,16)*
Bild des Steins 169

Hinweise zum Aufbau und Gebrauch des Kapitels 170
Annäherungen an das Bild 172
Wie Steine sein können 177
Was wir mit Steinen tun 185
Steine im Weg 191
Gedenk-Steine 195

... ich lasse Wasser fließen ... *(Jesaja 43,20)*
Bild des Wassers 199

Hinweise zum Aufbau und Gebrauch des Kapitels 200
Vielgestaltigkeit des Wassers 202
Erfahrungen mit Wasser 204
Wirkungen von Wasser 207

Du kennst alle meine Wege ... *(Psalm 139,3)*
Bild des Weges 231

Hinweise zum Aufbau und Gebrauch des Kapitels 232
Weg-Worte der Bibel 235
Weg-Geschichten der Bibel 240
Erfahrungen mit Wegen 249
»Steh auf! Mach dich auf den Weg!« 252

Bibelstellen-Register 254
Quellenverzeichnis 255

Einleitung

1. Zur Entstehung des Buches

Sensibel gemacht durch erfahrungsbezogenen und ganzheitlichen Umgang mit der Bibel (vgl. dazu Sigrid Berg, Kreative Bibelarbeit in Gruppen, 16 Vorschläge. Kösel/Calwer, München/Stuttgart [3]1993), entdeckte ich in ihr auf Schritt und Tritt Bilder und Symbole, die ich früher kaum beachtete oder relativ selbstverständlich nahm oder überlas. Vor allem in den Psalmen sind sie in einer Fülle vorhanden, die mir vorher nicht bewußt war und die mir den Zugang zu ihnen eigentlich erst richtig erschlossen hat.

Diese Bilder entdeckte ich nicht nur als Abbilder von Dingen oder irgendwelchen zufälligen Situationen. Ein Bild beinhaltet immer wesentlich mehr als ein Wort; es ist der Vielschichtigkeit der Erfahrungen und der Emotionalität viel näher. Es weckt die Phantasie, die die Worte anreichert mit Vorstellungsbildern und Gefühls-kräften aus der eigenen Erfahrung und aus den Träumen. So begegneten mir die biblischen Bilder als Symbole, gefüllt mit Erfahrungen, Gefühlen, Ahnungen, Hoffnungen, Ängsten, die auch mich bewegten. Und weil sie meine eigenen Erfahrungsbilder aufnahmen, konnte ich mich in den biblischen Worten ganz anders wiederfinden, sie anders verstehen und anders von ihnen lernen als ohne die bildhafte Sprache.

Es kam so eigentlich zu einem Austausch oder einer Wechselwirkung zwischen den Bildern und Symbolen der Bibel und den Bildern meiner Erfahrung.

Einerseits fand ich mich und meine Vorstellungen, Begegnungen und Erfahrungen in den biblischen Bildern wieder, weil ich die in ihnen aufgehobenen Realitäten erahnte und kannte. So konnte ich sie besser verstehen und deuten.

Andererseits konnten sie mit ihrer symbolischen Bedeutung unmittelbarer zu mir sprechen als andere Worte und mir helfen, meine Erfahrungen neu zu sehen, sie mit neuen Aspekten zu füllen, sie zu vertiefen und sie mit religiösen Erfahrungen zu verknüpfen.

Damit gaben sie meinen Erfahrungen Bilder und mir gleichzeitig eine neue Sprache, eine Bild-Sprache, um sie zu artikulieren.

In einem ersten Schritt entstanden so Texte, die die Bilder der Psalmen aufnahmen, sie nach-sprachen, um-sprachen, weiter-sprachen, ihnen widersprachen – ganz ohne didaktische oder religionspädagogische Absicht.

Aber dann wurde mir immer deutlicher, wie wichtig diese wechselseitige Beziehung im Umgang mit der Bibel ist. Vor allem kann es dabei nicht nur zu einer kognitiven, sondern zu einer ganzheitlichen Begegnung kommen, d.h., daß alle Sinne einbezogen werden. Die Bild-Sprache aktiviert alle Sinne; wenn wir z.B. ein Bild wie Wasser imaginieren, stehen sofort ganzheitliche Erlebnisse mit dem Wasser in uns auf. Leider sind wir in unserer Hektik so oft nicht mehr in der Lage, uns auf die Bilder einzulassen. Sensibilität, Staunen, Stille sind verlorengegangen; sie zurückzugewinnen ist mir – und diesem Buch – ein großes Anliegen.

Bei der Beschäftigung mit Bildern muß man sich jedoch bewußtmachen, daß sie fast alle ambivalent sind. Wie wir sie aufnehmen, mit welchen Gefühlen sie vorwiegend belegt sind, hängt von unseren Erfahrungen ab.

Bleiben wir beim Beispiel vom Wasser. Wenn wir Wasser vergegenwärtigen, so kommen bei allen ganz spontan andere Assoziationen, und es überwiegt häufig ein bestimmtes Gefühl oder eine Vorstellung. Aber wir alle kennen die beiden Seiten: Das Wasser als lebenspendendes Element, auf das alle angewiesen sind, und das Wasser, das etwa in einer Sturmflut zur Bedrohung wird. Dazwischen liegen ganze Welten von Erfahrungen. Die symbolische Bedeutung des Wassers hat an dieser Vielschichtigkeit Anteil, und gerade deshalb können »Wasser-Worte« der Bibel uns – wenn wir sensibel sind – in sehr unterschiedlichen Erfahrungsschichten ansprechen, und wir können unseren Erfahrungen im »Wasser-Bild« Ausdruck geben.

Bisher wurde sehr bewußt nicht von Symboldidaktik gesprochen. Die Diskussion um das Symbolverständnis und seinen Stellenwert in der Religionspädagogik soll hier auch nicht aufgegriffen werden. Das Buch geht davon aus, daß »Symbolsinn« und »Symbolverstehen« wichtige Teile unseres Lebens und Reifens sind. Unser ganzes Leben wäre ohne Bilder und Symbole nicht denkbar. Ein aufmerksamer Blick in unsere Alltagssprache zeigt, wie sie durchsetzt ist mit Bildern und Metaphern, die wir ganz selbstverständlich, oft aber sehr gedankenlos benutzen. Vor allem aber im religiösen Bereich kommen wir ohne sie nicht aus.

2. Ziel des Buches

Das Ziel des Buches läßt sich fast in einem Satz zusammenfassen: Es möchte hinführen zu eigener Auseinandersetzung mit biblischen Bildern und Symbolen in der Weise, wie ich sie selber erfahren und oben beschrieben habe, so daß sie ganz neu Anrede an uns werden können. Drei Kriterien dafür möchte ich noch einmal ausführlicher nennen (vgl. mein Buch »Kreative Bibelarbeit in Gruppen«):

Ganz wichtig sind die *erfahrungsbezogenen Zugänge* zu den Bildern, ihre Verknüpfung mit dem eigenen Alltag und Erleben.
Vielfach beschäftigen sich Übungen und Texte zunächst nur mit der Bewußtmachung eigener Erfahrungen, um sie intensiver und vielschichtiger zu sehen und zu erleben. Auf dieser Ebene kann es dann auch zu einer bewußteren Begegnung und Auseinandersetzung mit biblischen Bildern und Texten kommen. Was sagen diese Worte, diese Bilder mir? Welche Erfahrungen begegnen mir in ihnen? In welchen eigenen Erfahrungen bestätigen, erstaunen oder hinterfragen sie mich? Dabei macht man u.U. die obengenannte Erfahrung, daß sich biblische Worte und eigenes Erleben gegenseitig ergänzen und zu einer wechselseitigen Befruchtung und Vertiefung des Verständnisses führen.

Aber nicht nur die enge Verknüpfung von Erfahrung und biblischen Bildern ist intendiert. Das Buch mit all seinen Vorschlägen und Materialien möchte außerdem zu einem *ganzheitlichen Umgang* mit den biblischen Bildern führen. Wie oben ausgeführt, wurden ja gerade Bilder und Bildworte der Bibel ausgewählt, weil diese eben mehr sind als Begriffe. In ihnen ist das eingebettet oder aufgehoben, was wir mit all unseren Sinnen aufnehmen, was wir sehen, fühlen, hören, schmecken, riechen. Und wenn wir uns mit diesen Bildern befassen, sollten wir versuchen abzurufen, was in ihnen versteckt ist. Auch dazu wollen viele Vorschläge helfen. Sie wollen uns dabei unterstützen, unsere Sinne bewußter zu benutzen, die Vielfalt der Möglichkeiten und Blickwinkel zu erkennen und auszuprobieren.
Es geht also darum, daß wir die Bilder mit allen Sinnen aufnehmen, daß wir sie nachempfinden, daß wir unsere Erfahrungen in ihnen wiederfinden, daß wir sie anreichern mit Phantasie. Dann können sie als Hoffnungsbilder und Zusagen oder auch als Infragestellungen ganz neu zu uns sprechen.

Das Buch möchte aber noch zu einem weiteren Schritt Mut machen, zur *kreativen Auseinandersetzung* mit Erfahrungen und Problemen. Es möchte zeigen, wie man sie mit diesen Bildern ausdrücken kann. Viele Aufgaben geben Hinweise dazu. Sie wollen helfen, mit Bild, Bewegung und Wort eigenes Erleben ganzheitlich umzusetzen, es handgreiflich oder sichtbar machen, es neu zu erfahren auf dem Hintergrund der biblischen Bilder und Worte.

Und auch die Texte wollen nicht nur Gebrauchsmaterial sein, sondern sie wollen vor allem dazu anregen, selber etwas aufzuschreiben. Mit den Bildern bekommen wir Sprachmaterial in die Hand, das uns hilft, Ängste, Hoffnungen, Verzweiflung, Bitte, Lob und Klage auszudrücken. Ich las einmal den Satz: Aufschreien und Aufschreiben haben manchmal die gleiche Wurzel. Wie richtig dieser Satz psychologisch ist, kann der bestätigen, der einmal versucht hat, Frust und Verzweiflung aufzuschreiben oder besser: aufschreiend zu Papier zu bringen. Das kann eine große Entlastungsfunktion haben. Und ich denke, in den Psalmen finden wir viele solcher Aufschreie. Doch weil sie oft nicht in unserer Sprache geschrieben sind, fällt es uns schwer, sie einfach nachzusprechen. Hier bietet sich die Möglichkeit an, sie neu für uns, auf unsere Situation hin zu formulieren. Oder aber wir können uns nicht mit ihren Aussagen identifizieren; dann können wir gegen sie an-»schreien/schreiben«.

Jedoch nicht nur das »Schreien/Schreiben« kann hilfreich sein, sondern auch der Versuch, erfreuliche Erfahrungen zu notieren, weil das zu bewußterem Erleben führt.

Vor allem aber kann die *Gestaltung* von positiven Bildern und Hoffnungen mit allen Sinnen und in den unterschiedlichsten Techniken eine weitreichende und tragende Bedeutung haben, die kaum zu unterschätzen ist. Wie befreiend und heilend das wirken kann, möchte ich mit einem Wort Kandinskys illustrieren. Er hat einmal gesagt: »Wir haben Pinsel und Farben – malen das Paradies: Und schon sind wir darin.«

Relativ vergeblich wird vielleicht die/der eine oder andere auf die Suche nach Vorschlägen gehen, die etwa den exegetischen Methoden gleichen und zur intensiven Erarbeitung eines Textes anregen. Als einziges wären hier eventuell die Hinweise auf Parallelstellen zu nennen. Sonst wurde auf sie bewußt verzichtet, nicht, weil mir eine Arbeit mit den Texten unter textkritischen oder exegetischen Fragestellungen als unwichtig erscheint (vgl. dazu »Kreative Bibelarbeit in Grupen«, S. 13-16). Aber ich denke, für diese Methoden und Auslegungen gibt es wesentlich mehr Bücher und Materialien, und gerade die anderen Zugänge zur Bibel sind uns viel neuer und unvertrauter, und wir brauchen mehr Anregungen. Zum anderen handelt es sich in diesem Buch nicht um umfangreichere biblische Texte, sondern es wurden immer wieder auftauchende Bilder und Symbole ausgewählt, bei denen sich die gewählten Methoden stärker anbieten (vgl. dazu auch unten S. 11 ff.). Außerdem verhindert die Ambivalenz der meisten Bilder eine einseitige Aneignung und den Versuch willkürlicher, rein subjektiver Deutung. Trotzdem sollte man sich bewußt bleiben, daß manches aus dem Zusammenhang genommen ist und man immer wieder auf exegetische Ergebnisse oder Fragen zurückgreifen bzw. sich darüber informieren muß.

3. Die unterschiedlichen Materialien

Bei einem ersten Durchblättern wird man entdecken, daß eine Fülle sehr unterschiedlicher Materialien im Buch enthalten sind. Durch Aufbau und Schriftarten wurde versucht, die verschiedenen Arten von einander abzuheben. Trotzdem kann die Vielfalt verwirrend wirken. Ein paar Hinweise wollen die unterschiedlichen Typen erklären und ihren Sinn im Zusammenhang dieses Buches erläutern.

Zunächst einmal geht jedes Kapitel von einem *einleitenden Bibelwort* aus, das von dem Bild geprägt ist, um das es im folgenden geht. Das zugeordnete Foto möchte gleich versuchen, nicht das Wort allein wirken zu lassen, sondern andere Sinne zu aktivieren. Eigentlich müßte solch ein Buch fast ebenso viele Bilder wie Worte enthalten, doch das ist leider nicht möglich. Ich möchte jedoch hier schon darauf hinweisen, daß – auch wenn nicht ausdrücklich Vorschläge zur Arbeit mit Bildmaterial gemacht werden – Fotos und Bilder so oft wie möglich hinzugezogen werden sollten.

Sehr deutlich gekennzeichnet sind die *Bibeltexte,* die sich in einer großen Fülle durch das Buch hindurchziehen. Dabei mußte noch auf viele zum gleichen Bild verzichtet werden; nur ab und zu gibt es Hinweise auf Parallelstellen oder Ergänzungstexte. Konkordanzarbeit könnte eine solche Sammlung natürlich vervollständigen. Es wurde jedoch versucht, die Vielschichtigkeit der Bilder bei der Auswahl zu berücksichtigen. Das Bibelstellenregister am Ende des Buches kann bei schneller Durchsicht helfen.

Eine zweite Gruppe von Texten möchte ich *biblische »Kurz-Geschichten«* nennen. Im Bibelstellenregister sind sie – da nicht der biblische Wortlaut abgedruckt ist – kursiv geschrieben. Diese biblischen »Kurz-Geschichten« (»Wasser-Geschichten«, »Weg-Geschichten« usw.) lassen sich folgendermaßen charakterisieren: Sie greifen meist den Inhalt einer biblischen Erzählung auf und geben ihn in ganz verknappter Form wieder. Die Verknappung ist vorgezeichnet durch das Bild, von dem die Betrachtung der Geschichte ausgeht und das nun im Mittelpunkt der Kurzform steht. Viele andere Züge des biblischen Textes bleiben dabei unberücksichtigt. Es wird häufig auf die Verwandtschaft des Wortes »Text« mit dem Wort »Textil« hingewiesen. Wie in einem Textil verschiedene Fäden ineinander verwoben sind und sich zu Mustern zusammenfügen, so sind auch in Texte vielseitige Erfahrungen und Einsichten eingegangen. Wenn wir jetzt von einem enthaltenen Bild her den Text lesen, so folgen wir gleichsam einem Faden im Muster. Von ihm her klinken wir uns in die Geschichte ein, von ihm her bekommt sie eine ganz bestimmte Richtung und eröffnet sich neu. Das heißt nicht, daß nur dieser Faden wichtig ist, aber in diesem Zusammenhang kann er, kann dieses Bild, aufgrund meiner auf dieses Motiv gerichteten innerpsychologischen Befindlichkeit in besonderer Weise zu mir sprechen und mich erreichen.

Für den Umgang mit biblischen Texten kann das sogar zu einer Bereicherung werden, weil viele unbeachtete Seitenzüge (»Nebenfäden«) wieder in den Blick kommen und zu Entdeckungen führen können.

Ich möchte das an einem Beispiel erläutern: Die Heilung des Bartimäus kann man stark vom Bild des Auges, vom Sehen her betrachten. Man kann jedoch auch ausgehen vom Weg, von den Stationen seines Lebensweges, oder man kann den Gedanken des Schreiens, Schreiens gegen alle Verzweiflung, gegen äußeren Widerstand, in den Mittelpunkt stellen. Oder man kann das Symbol seines Mantels wählen, des einzigen festen Besitzes, den er wegwirft. Dann ginge es vor allem um die Frage des Loslassens. Egal, welchen Gedanken oder welches Bild man in den Mittelpunkt stellt, der Text wird anders zum Sprechen kommen.

Zurück zu den biblischen »Kurz-Geschichten«: Sie erzählen also den Text von einem bestimmten Aspekt her und wollen von diesem in die Geschichte eindringen. Jedoch ist das nicht ihr einziges Anliegen. Gleichzeitig versuchen sie, ganz offen nach vorn zu sein, d.h. – direkt ausgesprochen oder nur angedeutet – möchten sie heutige Erfahrung mit einbeziehen und zeigen: Ich bin in der Geschichte.

Eine dritte Gruppe stellen *die Texte dar, die den Bibeltexten zugeordnet sind,* z.B. Gedichte, Statements, Erzählungen. In ihnen spiegelt sich die Auseinandersetzung mit den Bildern und Worten im heutigen Erfahrungsbereich. Sie zeigen, wie man sich, sein Erleben und seine Probleme in ihnen wiederfinden kann und leisten ein Stück Übertragung und Aneignung. Dadurch können sie hilfreich sein bei der Verknüpfung der eigenen Erfahrungen mit den biblischen Texten. Doch – wie oben bereits ausgeführt (s. S. 9 f.) – wollen sie gleichzeitig dazu motivieren, selber mit Hilfe des Bild- und Sprachmaterials eigene Erfahrungen zu artikulieren.

Es wurde schon mehrfach von der ganzheitlichen Auseinandersetzung mit den biblischen Texten gesprochen. Dazu ist ein bewußtes Eintauchen in die Sprachbilder wichtig, ein Eintauchen mit allen Sinnen. Fühlen, spüren, sehen, schmecken, hören, alles trägt dazu bei, ihre Vielschichtigkeit zu erkennen und von ihr her anders mit ihnen umzugehen. Dabei machen wir die Erfahrung, daß Bilder mehr beinhalten als das vordergründig Sichtbare. Wir sehen nicht nur etwas aus ihnen heraus, sondern wir sehen in sie hinein, sehen uns in sie hinein und erschließen uns neue Dimensionen. Franz Marc hat einmal gesagt: »Bilder sind das Auftauchen an einem anderen Ort.«

Intensivierung und Sensibilisierung der Sinne gehört also dazu, wenn wir die Bilder bewußt aufnehmen und sie für unser Leben zum Sprechen bringen wollen. Deshalb widmen sich viele Vorschläge dieser Aufgabe. Sie wollen helfen, besser zu hören, intensiver zu sehen, zu fühlen usw. Dabei kann man zwei Gruppen von Aufgaben unterscheiden:

Anleitungen zur genauen Beobachtung von Dingen, z.B. Bäumen, Händen oder Wasser; Übungen zur Schärfung unserer Sinne, z.B. Hör- und Sehübungen oder ein Erlebnisparcours.

Neben diesen Übungen, in denen es um Intensivierung der Beobachtung und der sinnlichen Wahrnehmung geht, gibt es eine Menge von anderen *Gestaltungsvorschlägen*. Diese haben die Aufgabe, Einsichten und Erfahrungen ganzheitlich umzusetzen. In Übereinstimmung mit den Vertretern der Interaktionalen Bibelarbeit glaube ich, daß die Einsichten oder Erkenntnisse, die lediglich über unsere linke Hirnhälfte laufen, d.h. die wir nur kognitiv aufnehmen, vielfach wenig Einfluß auf unser Leben haben. Darum wird immer wieder versucht, mit anderen Methoden in die Auseinandersetzung einzutreten, zu malen, zu gestalten, zu spielen usw. Abstrakte Worte bzw. Begriffe sollen »handgreiflich« werden und so intensiver erfahren und verleiblicht werden. Auch hier sind die Vorschläge begrenzt; auch sie wollen die Phantasie anregen, selber kreativ zu werden, neue Formen zu finden, vielleicht mehr Musik, Bewegung oder Tanz einzufügen, als hier möglich war.
Die Gestaltungsaufgaben schließen sich vielfach an Zusatztexte oder Bildelemente an. Von ihnen können Impulse ausgehen, die die eigene Kreativität anregen.

Zum ganzheitlichen Zugang gehören natürlich in erster Linie auch *Bilder, Karikaturen, Lieder und Erzählungen*. Durch sie sind die Sinne und die Phantasie in besonderer Weise angesprochen.

In einer weiteren Gruppe könnte man die *Texte* zusammenfassen, *die Bilder, Lieder und Erzählungen interpretieren oder meditieren*. Gerade Bildinterpretationen brauchen viel Zeit und Ruhe; man soll selber schauen, im Bild auf Entdeckungsreisen gehen und es auf sich wirken lassen. So sind die Texte als Vorgaben zur eigenen Auseinandersetzung gedacht; sie können anleiten zu genauer Beobachtung und können Hilfestellung geben bei der Betrachtung und bei der Erarbeitung mit einer Gruppe. Man kann sie jedoch auch als Grundlage für eine Bildmeditation nehmen, in der wiederum mit sehr viel Zeit gearbeitet werden sollte, so daß Muße besteht, den vorgetragenen Worten in Ruhe zu folgen und wirklich selbst im Bild »herumzugehen«.

Zuletzt sind die *Meditations- und Phantasieübungen* zu nennen. Auch hier sind zwei Formen zu unterscheiden. Es gibt einmal die Meditationsübungen, die fragebogenartig dazu anleiten wollen, über bestimmte, mit dem Bildwort zusammenhängende Probleme nachzudenken. Daneben finden sich Vorschläge, die ein solches Bild meditieren; das kann in einer Art einer Identifizierung oder einer Phantasiereise geschehen.

4. Wie man mit dem Buch arbeiten kann

Die vorausgehenden Teile haben bereits ein Stück weit versucht, die Frage, wie man mit dem Buch arbeiten kann, zu beantworten. Es wurden die Ziele vorgestellt, die ihm zugrundeliegen, damit sind Sinn und Zweck angesprochen. Die Darstellung der einzelnen Materialtypen hat ebenfalls schon Hinweise gegeben, wozu sie gedacht sind. Trotzdem fühlt man sich vielleicht zunächst von der Fülle des Materials überrumpelt und weiß nicht recht, ob und wie es bei der eigenen Arbeit hilfreich sein kann.

Was bieten die Kapitel?

Als erstes muß festgehalten werden, daß es sich bei den einzelnen Kapiteln, die jeweils um ein Bild und/oder Symbol kreisen, *nicht* um geschlossene Praxisbeispiele handelt (wie z.B. in meinem Buch »Kreative Bibelarbeit in Gruppen«), die man übernehmen und hintereinander durchgehen kann.

Jedes Kapitel ist eine Materialsammlung zu dem entsprechenden Bild. Die Reihenfolge der Bilder im Buch ist zufällig; die Zusammenstellung zu den Materialien ist jedoch nach genau durchdachten Kriterien aufgebaut, die jeweils im Vorspann des Kapitels kurz erklärt werden. Auch sind die unterschiedlichen Medien und Texttypen vielfach aufeinander bezogen; kreative Übungen gehen oft direkt aus ihnen hervor. Um der Vielschichtigkeit der Bilder gerecht zu werden – und man kann es auch in diesem Umfang nur sehr begrenzt – wurde versucht, möglichst viele Aspekte zu berücksichtigen und zur Sprache zu bringen. Aber auch jeder einzelne Aspekt eines Bildes konnte mit sehr unterschiedlichen Materialien dargestellt werden. Immer wieder stellte sich die Frage der Begrenzung. Trotzdem wurde nicht darauf verzichtet, Parallelmaterialien abzudrucken, z.B. eine ganze Sammlung von Hörübungen oder Zusatztexte zur gleichen Fragestellung. Damit sollte den Benutzerinnen und Benutzern die Möglichkeit der Auswahl erhalten bleiben, sowohl im Blick auf die eigene Affinität zu den Materialien als auch im Blick auf die Gruppe, mit der man es zu tun hat.

Wenn ich eben von der eigenen Affinität zu den Materialien sprach, so ist das, glaube ich, eine Sache, die beim erfahrungsbezogenen und ganzheitlichen Umgang mit biblischen Bildern und Texten eine große Rolle spielt. Ich selber muß mich als Leiterin/Leiter zwar nicht mit jedem Text oder jeder Übung identifizieren können, aber ich muß einen positiven Zugang dazu haben (er kann wohl kritisch sein), muß die Beschäftigung damit für sinnvoll halten und mit der Form in etwa vertraut sein. So würde ich z.B. jemand, der noch nie mit meditativen Übungen gearbeitet hat, nicht empfehlen, damit in eine fremde Gruppe zu gehen. Und wer spielerische Übungen nicht für sinnvoll hält, sollte deshalb zwar nicht darauf verzichten –

vielleicht entdeckt er die Freude daran –, aber er sollte auf jeden Fall darauf achten, daß man ihm seine Vorbehalte nicht anmerkt.

Wozu eignen sich die Materialien?

Die Materialfülle erweckt natürlich auch die Frage, wann kann ich all die Dinge überhaupt einsetzen? Sind unsere Möglichkeiten nicht viel zu schmal, um diese Menge zu rechtfertigen? – Wenn man ein wenig genauer darüber nachdenkt, stellt man fest, daß es sehr viel mehr Gelegenheiten gibt, in denen wir es mit Bildern in unserer Erfahrung und in der Bibel zu tun haben, als man vermutet.

1. Das Nächstliegende zuerst: Das Wissen um den Stellenwert von Bildern und Symbolen ist im Augenblick sehr in den Vordergrund gerückt. Man hat die Kraft und Bedeutung, die sie in unserem Leben, vor allem auch im religiösen Leben haben, entdeckt und setzt sich zunehmend mit ihnen auseinander.
Für eine Beschäftigung und Verinnerlichung von Symbolen in Schule, Gemeinde-gruppe usw. kann das Buch herangezogen werden.

2. Jedoch nicht nur bei der direkten Auseinandersetzung mit Bildern oder Symbo-len können die Materialien Hilfestellung leisten. Bei der Beschäftigung mit den verschiedensten biblischen Texten stoßen wir irgendwo auf Bilder und Symbole, denn unsere Sprache und die Sprache der Bibel ist mit Bildern durchsetzt. Da bietet es sich an, ein wichtiges Bild in einem Text genauer zu betrachten, zu erfahren mit verschiedenen Sinnen, um mit neuen Impulsen und neuem Verständnis in den biblischen Text einzusteigen oder die eigenen Probleme besser verstehen zu lernen und ausdrücken zu können, mit Hilfe der Sprachbilder der Bibel.
Ich möchte das an ein paar Beispielen erläutern:
Immer wieder treffen wir in den Psalmen oder anderen biblischen Texten auf Aussagen über den Weg, die Straße. Hier bietet es sich an, die Beschäftigung auszuweiten und sich ausführlicher mit dem Weg-Bild auseinanderzusetzen. Ich selber habe in einer Gemeindegruppe zum Thema »Wege in den Psalmen« z.B. sehr gern mit dem Bild von Paul Klee (s. S. 248 a) gearbeitet.
Bei der Erzählung von der Stillung des Sturms kann man sich mit dem Bild des Wassers und seiner symbolischen bedrohenden Bedeutung befassen, ebenso im Zusammenhang mit der Geschichte von der Sintflut.
»Wasser des Lebens« als übertragene Bedeutung zu verstehen, setzt voraus, daß ich mir das auch im täglichen Leben bewußtmache.
Die Beispiele lassen sich noch beliebig weiterführen.
Die Materialien des Buches verstehen sich also im Zusammenhang der Bibelarbeit oder Erschließung biblischer Texte als Vorschläge, die eigene Erfahrung mit ins

Spiel zu bringen und in kreativen Auseinandersetzungen und Umsetzungen die Bilder der Bibel zu verinnerlichen und ganzheitlich anzueignen.

Die kursiv gedruckten Bibelstellen im Register können bei der Suche geeigneter Texte unterstützen; denn sie weisen ja auf die oben beschriebenen »biblischen Kurz-Geschichten« hin, die biblische Zusammenhänge unter einem bestimmten Bild-Aspekt betrachten.

3. Die dritte Möglichkeit, Materialien des Buches heranzuziehen, geht fast den umgekehrten Weg. Häufig sprechen wir über Fragen und Probleme des Zusammenlebens, des Umgangs mit eigenen Hoffnungen und Ängsten usw. Oft bleiben unsere Gespräche und Vorschläge sehr verbal, sehr kognitiv. Da bietet es sich unter Umständen an, die Problematik mit einem Bild zu verknüpfen oder in einem Bild darzustellen. Zum einen ist es oft leichter, sich in Bildern auszudrücken, zum anderen kann man im ganzheitlich erfahrenen Bild oft auch gesprochene oder erahnte Hoffnungen und Zusagen besser verstehen und aneignen.

Auch hier einige Beispiele:

Fragen von Identität, Freiheit, Unabhängigkeit kann man sehr gut mit dem Bild des Adlers verknüpfen.

Das Problem der Einsamkeit finden wir im Zusammenhang von Hören und Gehört-Werden.

Angst läßt sich mit dem Bild vom bedrohenden Wasser verbinden, Vertrauen mit der Hand oder dem Weg.

Nachdenken über das Auge/Sehen kann uns helfen, bewußter zu leben.

Und in den Worten vom lebenspendenden Wasser finden wir unendlich kräftige Trost- und Hoffnungszusagen.

Wie gehe ich mit dem Buch um?

Mein Vorschlag: Lesen Sie es erst einmal für sich. Entdecken Sie die Vielfalt der Bilder der Bibel. Nehmen Sie sich die Zeit, sie mit Ihren eigenen Erfahrungen zu verknüpfen. Bei den Zusatztexten kann man ebenfalls sehr unterschiedliche Zugänge zu den Bildern finden. Vergleichen Sie, setzen Sie Ihre eigenen Schwerpunkte, gewinnen Sie Spaß am Kombinieren, erfinden Sie neue Möglichkeiten, Texte und Aufgaben!

Auch wenn man diese Zeit nicht aufbringen kann, ist es sinnvoll, bei der Bearbeitung eines Bildes zunächst das ganze Kapitel zu lesen. So kann man auswählen, welche Aspekte man berücksichtigen möchte bzw. was man gebrauchen kann. Durch die Auswahl und Kombination der Materialien kann man sich seine ganz individuelle Möglichkeit erarbeiten.

Man sollte sich dabei aber immer bewußt bleiben, daß jede erfahrungsbezogene und ganzheitliche Beschäftigung mit einem Thema oder einem Bibeltext – wenn sie sinnvoll sein soll – relativ viel Zeit erfordert.

Für welche Altersstufen ist das Buch geeignet?

Manch eine/r wird bei den Materialien eventuell Altersangaben vermißt haben. Die Frage nach der geeigneten Altersstufe ist auch nicht so ohne weiteres zu beantworten.

Gerade erfahrungsbezogene Übungen, Meditationen, Phantasiereisen, Gestaltungen usw. kann man nicht auf eine bestimmte Altersstufe festlegen. Fast alle Übungen zur Schärfung der Sinne, Beobachtung und Sensibilisierung lassen sich nicht auf Menschen bestimmten Alters beschränken. Es gibt Kinder, die kaum gelernt haben, ihre Sinne zu gebrauchen und aufmerksam zu beobachten, und es gibt Erwachsene, die die Fähigkeit zum Gebrauch ihrer Sinne verloren haben.

Auch zu Liedern und Bildern, zu gestalterischen Aufgaben haben sowohl Kinder wie Erwachsene – wenn auch unterschiedliche – Zugänge. Oft sind es nur Formulierungsfragen, um die gleichen Einsichten und Erfahrungen an Kinder, Jugendliche oder Erwachsene heranzutragen.

Bei den »Kurz-Geschichten« der Bibel werden Kinder wahrscheinlich eher Schwierigkeiten haben, da die Form der Verknappung ihrem Wunsch nach erzählender Breite und Ausführlichkeit zuwiderläuft. Sie setzen auch immer eine gewisse Kenntnis des Gesamtzusammenhanges voraus oder verlangen nach Rückfrage.

Vor allem wird man die zugeordneten Texte jeweils nach dem kognitiven Standard und dem Erfahrungshorizont der Gruppe, mit der man es zu tun hat, auswählen müssen. Sie sind sprachlich oft zu schwer für Kinder und Jugendliche.

Im allgemeinen habe ich die Erfahrung gemacht, daß Erwachsene nach einer anfänglichen Scheu oft Freude an kreativen spielerischen und gestalterischen Dingen haben, die Kinder mit der gleichen Begeisterung machen. Umgekehrt haben Kinder oft einen sehr intuitiven Zugang zu Bildern und Geschichten und eine große Kraft in der Gestaltung.

Da wurden ihnen die Augen geöffnet...
Neige deine Ohren zu mir...
Der Herr hält ihn fest an der Hand...

Die ersten drei Bilder des Buches haben eines gemeinsam; es handelt sich um menschliche Körperteile: Augen, Ohren und Hände. Sie beinhalten jedoch *viel mehr als die Erinnerung an eben diese Teile unseres Körpers. Sie sind ja jeweils mit einem unserer Sinne verbunden, stehen also gleichzeitig für das Sehen, das Hören und das Fühlen bzw. Tasten. Bei der Rede von den Händen denken wir sogar meist noch weiter an all das, was wir mit unseren Händen tun bzw. tun können. Aber damit noch nicht genug. Jeder der genannten Körperteile steht nicht nur für den damit verknüpften Sinn, sondern gleichzeitig für einen wichtigen Lebensbereich, bestimmte Lebensvollzüge und -erfahrungen. Ein Blick in unsere Sprache zeigt das sehr deutlich. Auf Schritt und Tritt begegnen uns Worte, Redensarten und Sprichwörter, die diese Bilder in sehr unterschiedlicher Weise benützen. Dabei entdecken wir, daß sie oft eine viel umfassendere und übertragene Bedeutung erhalten. Es geht um Sehen, Hören und Tun im weitesten Sinne.*
Dem nachzuspüren, ist das eine Anliegen der folgenden drei Kapitel. Gleichzeitig möchten sie den Gebrauch dieser Bilder in der Bibel entdecken und mit den eigenen Erfahrungen konfrontieren. Das kann helfen, diese besser zu reflektieren. Vor allem aber können die Worte der Bibel und die in ihnen aufgehobenen und ausgesprochenen Erfahrungen uns ganz anders erreichen.
Die biblischen Aussagen im Zusammenhang mit Augen, Ohren, Händen bzw. mit dem Sehen, Hören und Tun beziehen sich jedoch nicht nur auf diese menschlichen Tätigkeiten. Sie stehen gleichzeitig auch für Aussagen über Gott. Sie sprechen von Gottes Händen, von seinem Tun; von Gottes Auge, von dem, was er sieht; von Gottes Ohr, von seinem Hören. Wir können ja nur in menschlichen Vorstellungen von Gott reden; und gerade die alttestamentlichen Texte sind voll von solchen Anthropomorphismen, solchen Vermenschlichungen Gottes. Sie gehen damit ganz selbstverständlich um. Und ich denke, wir sind vielfach auch auf diese Bilder angewiesen, um uns Gottes Handeln in Beziehung zu uns vorstellen und etwas darüber aussagen zu können. Wenn wir z.B. von Gottes Auge und Ohr, von seinem Sehen und Hören, oder von seinen Händen als Zeichen seiner Zuwendung zu uns reden, so spricht uns das viel unmittelbarer an als allgemeine Aussagen, weil wir es mit eigener Erfahrung verknüpfen können.
Erfahrung kommt bei dieser Beschäftigung mit den biblischen Texten sogar in doppelter Weise zum Tragen. Zunächst sind sie selbst gesättigt mit den Erfahrungen, die in ihrer Entstehungszeit und ihrer Geschichte in sie eingegangen sind und die wir wiederentdecken können. Unsere eigenen Erfahrungen treten dann als Gegenüber hinzu, und so kann es zu einer intensiven Begegnung kommen.

19

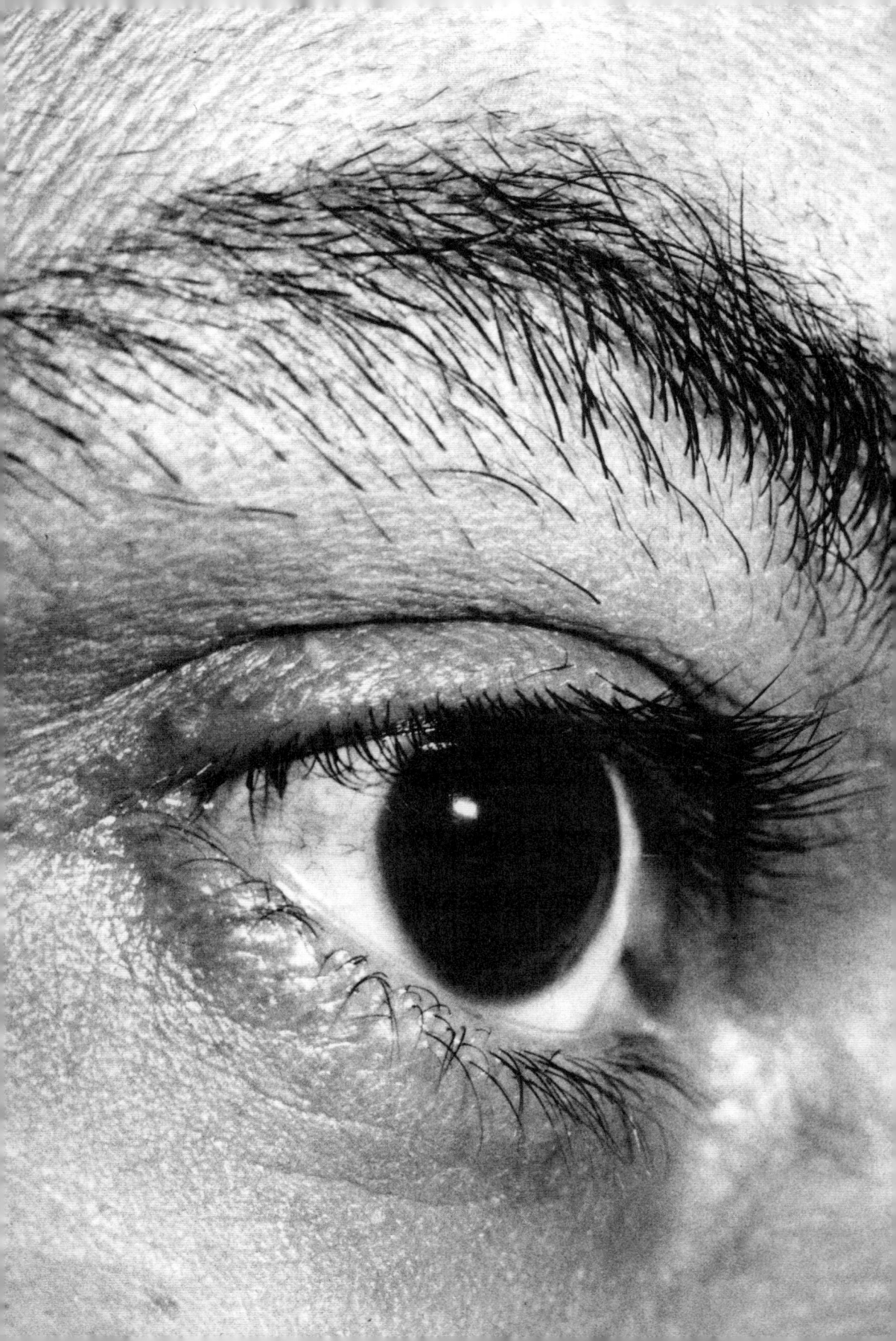

... da wurden ihnen die Augen geöffnet ...

Matthäus 9,30

Bild des Auges

Hinweise zum Aufbau und Gebrauch des Kapitels

Im Mittelpunkt dieses Teils stehen die Augen und das Sehen. Hier geht es allerdings schwerpunktmäßig um unsere Augen, um unser Sehen, weniger um das »Auge Gottes« oder sein Sehen. Die Materialien und Vorschläge ordnen sich dabei drei Grundgedanken zu:

> Sehen – blind sein
> Sehend werden – sehen lernen
> Auf die Blickrichtung kommt es an

Ausgehend von der Geschichte vom blinden Bartimäus und seiner Heilung durch Jesus, versetzen wir uns selber in einer meditativen Identifikation in seine Rolle, um uns auf unser Sehen, Sehen- Können und Sehen-Wollen zu hinterfragen. Dabei dreht es sich um die folgenden Fragen, die sich durch den ganzen ersten Teil ziehen: Was heißt sehen? Was heißt blind sein? Kann ich sehen? Wie sehe ich? Was sehe ich?

Weitergeführt werden die Fragen im zweiten Teil: Was hindert mich am Sehen? Will ich sehend werden? Wie lerne ich sehen? Schaue ich auf die richtigen Dinge? Die Texte und vor allem auch die meditativen und kreativen Übungen in beiden Teilen wollen anregen, im eigenen Alltag darüber nachzudenken; sie wollen helfen, das Sehen zu üben und zu intensivieren, sowohl im mehr gegenständlichen Bereich als auch in weitergehender Bedeutung. Beides sollte man jedoch auf keinen Fall trennen oder unterschiedlich bewerten. Alle Spielarten des Sehens gehören zusammen und bedingen sich gegenseitig. Wenn ich beispielsweise nicht lerne, genau hinzuschauen und zu beobachten, kann ich auch nicht in Gesichtern und Haltungen von Menschen lesen, um sie zu verstehen. Oder wenn ich nicht mit offenen Augen durch die Welt gehe, kann ich viele Freuden nicht erfahren. Die Beispiele lassen sich vielfach fortführen.

Ein dritter Teil kreist um die Frage der Blickrichtung. Fridolin Stier schreibt in seinen Aufzeichnungen einmal von einem Erlebnis am ersten Tag eines neuen Jahres. Er erzählt, wie er im Dunkeln, statt auf eine kleine Brücke zu gelangen, die Ufermauer hinunterstürzte. Mit viel Mühe und einigen Abschürfungen gelang es ihm schließlich, sich hochzuhangeln. Er schreibt im Blick auf das neue Jahr: »›Es fängt schon gut an‹ ja, gut, sage ich, denn es hätte wahrscheinlich schlimmer gehen können. Zeichen? Ein böses, wenn ich den Sturz, ein gutes, wenn ich das Wieder-hoch-kommen bedenke.« (Aus: Ders., Vielleicht ist irgendwo Tag. Aufzeichnungen, Verlag Herder, Freiburg [6]1993, S. 345)

Sehen hängt also vielfach davon ab, wie wir die Dinge betrachten, auch ob wir einen weiten Blick haben, der um sich und vor allem vorausschaut. Voreingenommenes Sehen, Blickverengung oder nur rückwärts gerichtete Blicke lassen nicht wirklich sehen, sind ein Stück Blindheit, Erstarrung, Versteinerung.

Schließlich darf beim Sehen und Sehenlernen nicht vergessen werden, daß uns Einsichten zunächst oft verwehrt sind, daß wir häufig erst im nachhinein manches erkennen, daß es andererseits aber auch zum menschlichen Leben gehört, nicht alles durchschauen und verstehen zu können.

Sehen – blind sein

Sie kamen nach Jericho. Als er mit seinen Jüngern und einer großen Menschenmenge Jericho verließ, saß an der Straße ein blinder Bettler, Bartimäus, der Sohn des Timäus. Sobald er hörte, daß es Jesus von Nazaret war, rief er laut: Sohn Davids, Jesus, hab Erbarmen mit mir!
Viele wurden ärgerlich und befahlen ihm zu schweigen. Er aber schrie noch viel lauter: Sohn Davids, hab Erbarmen mit mir!
Jesus blieb stehen und sagte: Ruft ihn her! Sie riefen den Blinden und sagten zu ihm: Hab nur Mut, steh auf, er ruft dich.
Da warf er seinen Mantel weg, sprang auf und lief auf Jesus zu.
Und Jesus fragte ihn: Was soll ich dir tun? Der Blinde antwortete: Rabbuni, ich möchte wieder sehen können.
Da sagte Jesus zu ihm: Geh! Dein Glaube hat dir geholfen.
Im gleichen Augenblick konnte er wieder sehen, und er folgte Jesus auf seinem Weg.

Markus 10,46-52

Ich – Bartimäus – Eine meditative Identifikation

Wie jeden Morgen mache ich mich auf den Weg zu meiner Arbeit.
Ich kenne jeden Handgriff, jeden Schritt, die täglichen Abläufe und Bedürfnisse. Ich weiß um jede Unebenheit auf meinem Weg, jeden Stein, jede Straße, jede Kreuzung. Ich kenne die Engpässe, an denen die Menschen, die Autos sich stauen. Ich weiß, welche Spur mich am schnellsten ans Ziel bringt. Alles geht automatisch, Routine.
Mit den Gedanken bin ich noch daheim oder schon bei den kommenden Aufgaben. So achte ich kaum auf Menschen und Dinge um mich herum, nehme nur flüchtig wahr, was neben mir geschieht. Ich funktioniere, wie die vielen anderen um mich herum.
Am Stadtrand, meinem Arbeitsplatz, angekommen, verrichte ich meine gewohnte Arbeit. Nicht viel kann ich leisten. Ja, früher hatte ich einmal andere Pläne. Jetzt sitze ich hier und bettle. Neben mir steht meine Schüssel, bereit für die Almosen der Vorrübergehenden.
Meine Hoffnungen sind zerstoben.

Welch ein Leben! Es verläuft zwischen Schlafplatz und Stadttor. Jeden Tag das gleiche, von der Wohnung zum Arbeitsplatz, vom Arbeitsplatz zur Wohnung. Kein Gedanke an Veränderung, keine Hoffnung auf Rettung, auf Neues, auf Licht, auf Sehen. Trostlosigkeit als ständiger Begleiter. Tagaus, tagein Monotonie! Vielleicht will ich auch nicht nachdenken, will vieles nicht sehen, habe mich an dieses Leben gewöhnt, will mir keine Gedanken darüber machen, weder über mich, noch über andere.

Und dann höre ich von einem: Er hilft Armen und Verzweifelten, heilt Kranke und Blinde. Anderes Leben soll er geben; neue Möglichkeiten, neuen Sinn: Jesus.

Aber doch nicht mir! Ich habe mich nie um diese Dinge gekümmert. Wie soll ich zu ihm kommen, den Weg zu ihm finden?

Er ist hier. Er kommt hier vorbei, heißt es da plötzlich. Da bricht etwas auf. Da wird der Wunsch riesengroß, mehr von Jesus zu hören, mit ihm zu sprechen. Nichts hält mich zurück. Wenn ich ihn auch nicht richtig sehen, nicht einfach zu ihm gehen kann, so kann ich doch rufen, schreien, lauter und lauter. Einmal muß es heraus, der Frust, die Verzweiflung – und die fast schon vergessene Hoffnung.

Der Vorbeikommende muß mich doch hören.

Zunächst jedoch hören mich die anderen. Und sie wollen es nicht. Es gefällt ihnen nicht, daß ich laut werde.

Sie sagen: »Sei doch still. Was soll dies Geschrei?« Oder es heißt: »Das bringt doch nichts. Da gehörst du nicht hin. Das ist nichts für dich! Sei still!« Oder auch: »Stör uns nicht! Hier gehörst du nicht hin. Du paßt nicht zu uns.«

Was nun? Ich kenne das, wie sich Widerstand regt, wenn ich etwas anders machen will. Man wird zur Ordnung gerufen. Man hat kein Recht auf Sonderbehandlung. Man hat an seinem Platz zu bleiben.

Erschrocken schweige ich. Wer traut sich schon, wenn alle dagegen sind.

Doch dann lasse ich mich nicht einschüchtern. Ohne Rücksicht auf die anderen rufe ich noch lauter – gegen alle Drohungen und Beschwichtigungen.

Ich weiß, daß ich Hilfe brauche. Und hier ist der Mann, der mir Hilfe und Rettung bringen kann.

Und wirklich – Hände ergreifen mich. »Komm mit uns, wir führen dich zu Jesus. Er will dich sehen.« Und ich lasse alles fallen. Mantel und Stock, Bettelschale und Arbeitsplatz bleiben hinter mir. Gleich stehe ich vor Jesus, gleich wird er mich heilen, gleich kann ich sehen, ganz neu beginnen.

Da höre ich ihn fragen: »Was willst du? Was soll ich für dich tun?«

Welch eine Frage!

»Ich möchte sehen«, will es aus mir herausschreien.

Aber dann stutze ich plötzlich, fange an zu grübeln.

War ich übereilt? Was heißt jetzt sehen? Was heißt für mich sehen? Nichts gilt aus der Vergangenheit, nicht der Ort, nicht das bisherige Leben, der tägliche Weg, die

Ordnung , die Versorgung, die Sicherheit. Will ich wirklich sehen? Will ich ganz neu anfangen? Wie wird das gehen? Wie komme ich zurecht?

Doch dann schiebe ich alle Bedenken zur Seite.

Ich will sehen. Ich will neu anfangen, will sehen lernen, mich aufmachen aus meinem engen Winkel. »Herr, ich will sehend werden.«

Und es geschieht.

Ich sehe neu, mich selbst und auch die anderen Menschen. Ich spüre, daß ich einen neuen Weg gehen werde, daß mein Leben sich verändern wird aus der Kraft, die mir mit der Heilung geschenkt wurde. Zwar bin ich oft ängstlich und unsicher und taste mich manchmal noch so vorwärts wie ein Blinder. Aber ich weiß, daß ich diesen Weg nicht allein gehen muß.

Der Herr öffnet den Blinden die Augen.   Psalm 146,8

Redensarten vom Sehen

— Du siehst den Wald vor Bäumen nicht.
— Scheuklappen vor den Augen haben.
— Jemandem den Blick für etwas öffnen.
— Sich etwas vor Augen stellen.
— Blind sein für andere.
— Nur die eigenen Sachen sehen.
— Eine rosarote Brille tragen.
— Alles durch eine bestimmte Brille sehen.
— Ein blindes Huhn findet auch mal ein Korn.
— Schwarzsehen.
— Ich kann das nicht sehen!
— Du bist ja blind!
— Vor etwas die Augen verschließen.
— Nicht über die eigene Nasenspitze hinaussehen.
— Nur sehen, was man will.
— Sich sein eigenes Bild machen.
— Du bist ja kurzsichtig!
— Alles aus einem neuen Blickwinkel betrachten.
— Plötzlich sind mir die Augen aufgegangen.
— Mit offenen Augen durch die Welt gehen.
— Nicht rechts und links sehen.

– Über die Bedürfnisse anderer hinwegsehen.
– Die Augen abwenden.
– Es ist mir wie Schuppen von den Augen gefallen.
– Den Überblick verlieren.
– Sich einen Überblick verschaffen.
– Einblick verschaffen.
– Den Durchblick haben.
– Einsicht gewinnen.
– Eine bestimmte Ansicht haben.
– Die Ansicht ändern.
– Etwas vor aller Augen tun bzw. tun müssen.
– Sich etwas vor Augen halten.
– Wenn Blicke töten könnten.
– Einen Blick riskieren.
– Augenwischerei betreiben.
– Etwas nicht sehen wollen.
– Den Splitter im Auge des Nächsten sehen, aber nicht den Balken im eigenen Auge.
– Jemandem die Augen öffnen.
– Etwas hüten wie seinen Augapfel.
– Ein Auge auf etwas werfen.
– Du bist mein Augenstern.
– Etwas oder einen Menschen aus den Augen verlieren.

Spielen mit Sprache

1. Redensarten

Man sucht Redensarten und Sprichwörter, in denen es um die Augen, das Sehen oder Blindsein geht (vgl. oben) und stellt mit ihnen spielerisch witzige Dialoge, Sketsche, Gedichte o.ä. her. (Sie können natürlich auch ganz ernsthaft sein.)

Beispiel aus einer Arbeitsgruppe

A: Hast du das eben gesehen?
B: Was gesehen?
A: Typisch, bist du blind oder tust du nur so?
B: Sei still, du hast doch immer Scheuklappen vor den Augen!
A: Ich? – Ich hab es doch aber gesehen!!

B: Du siehst immer das, was du sehen willst; hast nie den Überblick.

A: Und du mit deiner rosaroten Brille! Ich will dir mal die Augen öffnen für die wahre Sicht der Dinge.

B: Rosarote Brille? Doch besser, als immer schwarzzusehen wie du.

A: Ich sehe jetzt gleich rot.

B: Du mußt endlich über deine eigene Nasenspitze hinaussehen.

A: Das mußt du gerade sagen. Du bist doch blind wie Paul.

B: Wie Paul?

A: Paul ist ein Maulwurf.

B: Und du, du brauchst 'nen Blindenhund.

A: Jetzt hört aber alles auf. Du siehst ja den Wald vor lauter Bäumen nicht. Mir gehen die Augen über, wenn ich denke, was du eben übersehen hast. Du bist halt ein blindes Huhn.

B: Und ein blindes Huhn findet auch mal sein' Korn.

A: Na, denn man Prost!

2. Wortfamilien

Die Gruppe sammelt möglichst viele Wörter aus einer Wortfamilie, d.h. Wörter, in denen ein bestimmter Wortstamm vorkommt. Z.B.:

> Wortfamilie »sehen«, Stamm: »seh-/sicht-«;
> Wortfamilie »blicken«, Stamm: »blick-«;
> Wortfamilie »schauen«, Stamm: »schau-«;
> Wortfamilie »blind«.

Anschließend spielt man mit dem gefundenen Sprachmaterial. Man versucht, Texte zu schreiben, die vorwiegend die gesammelten Wörter benutzen und mit möglichst wenig anderen auskommen. (Vgl. dazu die Texte S. 34 u. S. 36)

3. Synonyma

Man sucht Synonyma für sehen, d.h. andere Wörter, die wir für sehen benutzen (z.B. blicken, glotzen, schielen usw.). Die unterschiedliche Bedeutung der Wörter kann Anlaß zu ähnlichen spielerischen Texten geben, gleichzeitig unsere Sehgewohnheiten und Sehvorstellungen bewußtmachen. Man kann die Wörter aber auch durch kleine Sketsche oder Pantomimen darstellen und erraten lassen.

Meditative Übungen

1. »Blinde Flecke«

Kenne ich in meinem Leben »blinde Flecke«? Dinge, die ich nicht sehen oder nicht wahrhaben will? Oder gibt es Dinge, für die ich bisher keine Zeit gefunden habe oder die ich einfach noch nicht in den Blick bekommen habe.
Assoziationen sammeln, meditieren.

2. Metapher-Meditation

Man versucht, in immer neuen Vergleichen die verschiedenen Facetten des Blind-seins zu erfassen.

Blind-sein heißt . . . .
Blind-sein heißt . . . .
Blind-sein heißt . . . .

Habt ihr denn keine Augen, um zu sehen?   Markus 8,18

Ein Lied zum Thema

Das Lied von Katharina drückt auch die Erfahrung aus, daß Sehende blind und Blinde sehend sein können. Es packt das Problem allerdings aus einem anderen Blickwinkel an und ist deshalb eine gute Ergänzung zu anderen Materialien. Vor allem jedoch, weil uns im Lied ein Medium begegnet, das uns durch die Verbindung von Musik und Text ganzheitlicher anspricht und damit auch andere Schichten in uns erreicht.
Ein Hinweis zum Text: In einer Hauptschulklasse habe ich die Erfahrung gemacht, daß er zum Teil Verständnisschwierigkeiten bereitete, weil nämlich zunächst nicht erkannt wurde, daß es um eine unterschiedliche Bedeutung von Blindsein geht. Aber gerade dadurch entwickelte sich ein gutes Gespräch.

Blinde Katharina

T: Klaus Hoffman
M: Sonja Hoffmann

Sie trägt auf ih-ren Klei-dern Phos-phor-far-ben für die Nacht. Für
Au-gen sind die Hän-de; sie er-kennt dich durchs Ge - hör. In

sie ist im-mer Schwei-gen, ob sie re-det o-der lacht. Ih-re
ih-rer Welt sind vie-le Wän-de, die sieht sie bloß nicht mehr.

Ka-tha-ri-na, mach mir Mut und hal-te mich, gibt's mor-gen auch kein
Ich bin doch der Blin-de, da-rum füh-re mich. Du kannst im Dun-keln

Wie-der-sehn. sehn. Nur weil ich ver-mu-te, daß ich

se-hend bin, brauch' ich doch nichts er-ken - nen. Komm, wir schmei-ßen

ein-fach al-le Re-geln hin, du zeigst mir, wie man sieht.

2. Sie lehrt mich aus der Stille, wie man wartet, wie man schweigt
und zeigt aus Herzensfülle, mal Zorn, mal Heiterkeit.
Wenn sie liebt, dann ist nur Liebe, wenn sie haßt, dann ist nur Haß.
Alles, was sie tut, ist jetzt sofort, mit unbegrenztem Spaß.

Katharina, mach mir Mut und halte mich,
gibt's morgen auch kein Wiedersehn.
Ich bin doch der Blinde, darum führe mich.
Du kannst im Dunkeln gehn.
Nur weil ich vermute, daß ich sehend bin,
brauch ich doch nichts erkennen.
Komm, wir schmeißen einfach alle Regeln hin,
du zeigst mir, wie man sieht.

3. Blinde sind wie Kinder, deren Herzen man zerbricht.
Sie wollen auch im Wunder nur ans Licht, nur ans Licht.

Katharina, mach mir Mut ...

Sehend werden – sehen lernen

Sehend werden – Anregungen zur Meditation

Anruf

Jesus ist unterwegs
Ein Mann ruft ihn an
Ich sehe keinen Weg
Blind bin ich
Jesus verschafft ihm
eine neue Sicht
und sagt
Sie haben gut daran getan
mich anzurufen

Kurt Wolff

Wir sind in vieler Hinsicht festgefahren in unseren »Seh«-Gewohnheiten und brauchen auch oft eine »neue Sicht«, um bewußter zu leben.

Viele Dinge übersehen wir, weil sie uns selbstverständlich sind. Was übersehe ich oft an schönen und guten Dingen in meinem Leben?

Viele Möglichkeiten und Fähigkeiten erkennen wir nicht, weil wir sie uns im Grunde nicht zutrauen.
Wo muß ich »hellsichtiger« werden für Gaben, die mir geschenkt sind?

Vor vielen Dingen/Problemen/Menschen um uns herum schließen wir die Augen. Was sollte ich besser sehen und beachten?

Es gibt auch immer wieder Dinge in unserem Leben, die wir nicht sehen, nicht wahrhaben wollen.
Wo sind solche »blinden Flecken« in meinem Leben?

Wenn ich wirklich sehend, gesund, werden will, wo muß ich mir also die Augen öffnen lassen? Was muß ich vielleicht auch aufgeben bzw. zurücklassen?

Vielleicht kann ich aber auch die Erfahrung machen, daß mir »ein Licht aufgeht«. Ich kann neue Zusammenhänge erkennen, Dinge aus dem Rückblick anders verstehen, begreifen, annehmen.

Wir tasten uns wie Blinde an der Wand entlang und tappen dahin,
als hätten wir keine Augen.

»Was willst du, daß ich für dich tun soll?«...
»Herr, daß ich sehend werde...«

Sehen
mit neuen Augen
Wolkentürme am Himmel
Blumen am Wegrand
Rinde am Baum
Bewegung im Wasser
Muster im Stein

Sehen
bewußt wahrnehmen
jeden Tag
aufstehen bewegen
sehen riechen
schmecken fühlen
alltägliche Geschenke

Sehen
entdecken
Gaben und Möglichkeiten
neue Erfahrungen
nie geahnte Fähigkeiten

Sehen
sich öffnen
für Menschen
nahe und ferne
da sein für andere
ihre Freuden und Probleme

Sehen
erkennen
was ich nicht sehen
nicht wahrhaben will
die blinden Flecken
im eigenen Leben

Sehen
begreifen
was unbegreiflich
dunkel und sinnlos
in neuem Licht
verstehen und annehmen

Sehen
wahrnehmen
entdecken
sich öffnen
erkennen
begreifen

neue Erkenntnisse
neue Begegnungen
neue Erfahrungen
neues Licht
neues Leben

neu ich selbst
will ich sehend werden?

Seh-Übungen

1. Jeder Teilnehmer wird vor dem Treffen aufgefordert, einen kleinen, alltäglichen Gegenstand mitzubringen, der meist kaum beachtet wird, aber doch seine Eigenart und Schönheit hat, z.B. einen Stein, ein Blatt, eine Feder.
Man sitzt im Kreis und läßt die Gegenstände von Hand zu Hand gehen und betrachtet sie dabei ganz intensiv.
Anschließend erzählt jeder, was er an dem einen oder anderen Ding neu entdeckt hat.
2. Alle Teilnehmer bekommen ein paar Minuten Zeit, um aufzuschreiben, was sie an diesem Tag schon Schönes gesehen haben. Man tauscht sich anschließend aus und macht sich dadurch gegenseitig auf Schönheiten aufmerksam. Das gleiche läßt sich auf Kummervolles übertragen. Es weckt die Sensibilität für andere.

3. Ein nicht besonders ausgefallener, aber schöner Gegenstand, ein Stein, eine Blume, ein Blatt usw. wird herumgegeben und dann verdeckt. Jetzt versucht man gemeinsam, ihn möglichst genau zu beschreiben. Der anschließende Vergleich zeigt, wie gut man geschaut hat.

4. 3 bis 5 Personen bleiben im Raum, alle anderen verlassen ihn kurzzeitig. Nun werden an den Zurückgebliebenen kleine Veränderungen vorgenommen. Beim Hereinkommen können die übrigen zeigen, wie genau sie vorher geschaut hatten und ob sie die Veränderungen entdecken.

5. Die folgende Übung kann vor allem helfen, für das Befinden anderer zu sensibilisieren: Mit Körpersprache, Haltung, Gestik und Mimik werden von einzelnen oder einer Gruppe Stimmungen, Gefühle u.ä. ausgedrückt. Die anderen müssen sie erkennen.

Sehen
etwas ansehen
genau ansehen
oder – vorbeisehen
nicht sehen wollen
unerträgliche aussicht

das sichtfeld ändern
absichtlich –
unabsichtlich?
neuer sehwinkel
über etwas hinwegsehen

die neue sicht der dinge
sehen – ansehen
unabsehbare folgen
neue sicht
neues gesicht
ins gesicht sagen
nur nicht das gesicht verlierer

oder
wieder sehen lernen

*D*ein Auge gibt dem Körper Licht. Wenn dein Auge gesund ist, dann
wird auch dein ganzer Körper hell sein. Wenn es aber krank ist, dann
wird dein Körper finster sein. Achte also darauf, daß in dir statt Licht
nicht Finsternis ist. Wenn dein ganzer Körper von Licht erfüllt und
nichts Finsters in ihm ist, dann wird er so hell sein, wie wenn die Lampe
dich mit ihrem Schein beleuchtet.

Lukas 11,34-36

Gesichter in der Stadt

zugeklebt
abgeschlossen vergittert
gesichtslos

Ab und zu
sehende Augen
ein offenes Lächeln
der Anfang
einer Melodie

Anne Steinwart

Zu Lukas 10,25-37

In der Erzählung vom Mann,
der unter die Räuber fiel,
lese ich:
»… und da er ihn sah, ging er vorüber …«

Er sah und sah doch nicht.
Wollte er nicht sehen?
War er blind?

Weiter heißt es:
»… und da er ihn sah, ging er vorüber …«

Er sah und sah doch nicht.
Konnte er nicht sehen?
War er blind?
Doch einer kam
»… und da er ihn sah, jammerte ihn sein …«

Er sah.
Er wollte sehen.
Er konnte sehen.
Er war nicht blind.

Herr, mache mich sehend.

Warum siehst du den Splitter im Auge deines Bruders, aber den Balken in deinem Auge bemerkst du nicht? Wie kannst du zu deinem Bruder sagen: Laß mich den Splitter aus deinem Auge herausziehen! – und dabei steckt in deinem Auge ein Balken? Du Heuchler! Ziehe zuerst den Balken aus deinem Auge, dann kannst du versuchen, den Splitter aus dem Auge deines Bruders herauszuziehen.

Matthäus 7,3-5

sehen
mein gesicht
dein gesicht
das wahre gesicht?
das gesicht wahren!
oder das gesicht zeigen
absichtlich – unabsichtlich
vorsicht
sichtvermerk
unabsehbare folgen

sehen
neu sehen
dahintersehen
das wahre gesicht sehen

nachsicht
mit meinem gesicht
mit deinem gesicht

Ein Lied weiterdichten

T/M: Martin Gotthard Schneider
Aus: Sieben Leben möcht ich haben. Christo-
phorus Verlag, Freiburg/Verlag E. Kaufmann, Lahr

1. Mir ist ein Licht auf - ge - gan - gen, und das macht mein
   Le - ben hell, ich kann fröh - lich sein und sin - gen.

2. Mir ist ein Licht aufgegangen.
   Wieviel Gutes gibt mir Gott,
   ich will dankbar daran denken.

3. Mir ist ein Licht aufgegangen.
   Auch im Leid und in der Not
   will mich Gottes Liebe leiten.

4. Mir ist ein Licht aufgegangen.
   Alte Fehler, alte Schuld
   brauchen mich nicht zu belasten.

5. Mir ist ein Licht aufgegangen.
   Macht mir auch die Zukunft angst.
   Gott ist bei mir heut und morgen.

Dies ist ein sehr einfaches Kinderlied, das versucht, das Sehendwerden auf verschiedenen Gebieten ins Bewußtsein zu rufen. Man kann versuchen, den Grundgedanken zu übernehmen und eigene Strophen zu dichten.

Auf die Blickrichtung kommt es an

Als der Diener des Gottesmannes am nächsten Morgen aufstand und hinaustrat, hatte die Truppe die Stadt mit Pferden und Wagen umstellt. Da sagte der Diener zu seinem Herrn: Wehe, mein Herr, was sollen wir tun? Doch dieser sagte: Fürchte dich nicht! Bei uns sind mehr als bei ihnen. Dann betete Elischa: Herr, öffne ihm die Augen, damit er sieht. Und der Herr öffnete dem Diener die Augen: Er sah den Berg rings um Elischa voll von feurigen Pferden und Wagen.

2 Könige 6,15-17

Diesen Glauben,
Herr,
diesen Glauben,
möchte ich haben!

Diesen Glauben,
der nicht schaut auf das,
was ihn umstellt.

Diesen Glauben,
der nicht ruft:
Wehe, was soll ich tun?

Diesen Glauben,
der sieht um sich
deine feurigen Pferde.

Herr,
öffne meine Augen,
und schenke mir diesen Glauben.

*A*m gleichen Tag waren zwei von den Jüngern auf dem Weg in ein Dorf namens Emmaus, das sechzig Stadien von Jerusalem entfernt ist. Sie sprachen miteinander über all das, was sich ereignet hatte. Während sie redeten und ihre Gedanken austauschten, kam Jesus hinzu und ging mit ihnen. Doch sie waren mit Blindheit geschlagen, daß sie ihn nicht erkannten... Und als er mit ihnen bei Tisch war, nahm er das Brot, sprach den Lobpreis, brach das Brot und gab es ihnen. Da gingen ihnen die Augen auf, und sie erkannten ihn.

Lukas 24,13-16+31

Sieh doch nicht immer zurück...

*A*ls die Morgenröte aufstieg, drängten die Engel Lot zur Eile: Auf, nimm deine Frau und deine beiden Töchter, die hier sind, damit du nicht wegen der Schuld der Stadt hinweggerafft wirst. Da er noch zögerte, faßten die Männer ihn, seine Frau und seine beiden Töchter an der Hand, weil der Herr mit ihm Mitleid hatte, führte ihn hinaus und ließen ihn erst draußen vor der Stadt los. Während er sie hinaus ins Freie führte, sagte er: Bring dich in Sicherheit, es geht um dein Leben. Sieh dich nicht um und bleib in der Gegend nicht stehen! ... Als Lots Frau zurückblickte, wurde sie zur Salzsäule.

Genesis 19, 15-17+26

Wenig erfahren wir
über sie,
über Lots Frau

Eines Tages
muß sie alles verlassen,
den Ort vergangenen Glücks,
vergangener Freuden,
Heimat und Geborgenheit.

Welch eine Forderung,
welch ein Weg
voller Angst und Verzweiflung.

Immer wieder
denkt sie zurück
kreisen die Gedanken ums Gestern.
Sie kann sich nicht lösen,
will nicht wahrhaben,
was geschah,
will nicht glauben,
was man von ihr verlangt.
Dazu der Befehl:
Schau nicht zurück,
sieh dich nicht um,
bleib nicht stehen,
geh immer nur vorwärts,
lebe jetzt!

Unmenschlich scheint es.
So sieht sie dennoch zurück,
immer wieder zurück
voller Trauer und Bitterkeit.

Warum löst der Herr
ihren Blick nicht?
Warum hat sie nicht Kraft,
vorwärtszuschauen –
vorwärtszuleben?

Herr, hilf,
nicht zur Salzsäule zu erstarren.

Eins aber tue ich: Ich vergesse, was hinter mir liegt, und strecke mich nach dem aus, was vor mir ist.   Philipper 3,13

Bleib nicht stehn

T: nach Jes 43,18 f./Bernward Hoffmann
M: aus Holland
Textrechte: tvd-Verlag, Düsseldorf

Bleibt nicht stehn bei dem Vergange-nen, schaut nicht nur, was früh-
Blijf niet sta- ren op wat vroeger was. Sta niet stil in het

-er war! Seht her, es wird al- les neu be- gin-nen, es
ver- le- den. Ik, zegt hij, ga iets nieuws be- gin-nen. Het

hat.schon begon- nen, merkt ihr es nicht?
is al be- gon- nen, merk je het niet?

Du darfst hinter mir hersehen...

*D*ann sagte Mose: Laß mich doch dein Herrlichkeit sehen! Der Herr
gab zur Antwort: Ich will meine ganze Schönheit vor dir vorüberziehen
lassen und den Namen des Herrn vor dir ausrufen.
Ich gewähre Gnade, wem ich will, und ich schenke Erbarmen, wem ich
will. Weiter sprach er: Du kannst mein Angesicht nicht sehen und am
Leben bleiben. Dann sprach der Herr: Hier, diese Stelle da! Stell dich an
diesen Felsen! Wenn meine Herrlichkeit vorüberzieht, stelle ich dich in
den Felsspalt und halte meine Hand über dich. bis ich vorüber bin. Dann
ziehe ich meine Hand zurück, und du wirst meinen Rücken sehen. Mein
Angesicht aber kann niemand sehen.

Exodus 33,18 ff.

hinterhersehen

schauen – erkennen
verstehen

frage nach dem warum
verwehrt
nicht gestattet
keine chance

warum nicht?

durchleiden
durchstehen

hinterhersehen
vielleicht einmal verstehen

Ihr werdet es aber hernach erfahren.   Johannes 13,7

Der weg
voller tränen
verzweiflung und angst
der weg
den du nicht gehen wolltest
wird zum anfang
glückhafter erfahrungen
begegnungen und möglichkeiten

der zusammenbruch
unvermutet jäh
mit depression und schwäche
der zusammenbruch
den du nicht leiden wolltest
führt dich
zu unverhoffter tröstung
kraft in nie erwarteter fülle

die dürre
mit dem versiegen
von lebendigen wassern
die dürre
die du nicht aushalten wolltest
zeigt dir
verborgene Ströme
läßt Quellen aufbrechen

die unabhängigkeit
erschreckend erst
fremd und bedrohlich
die unabhängigkeit
die du nicht haben wolltest
gibt den anstoß
zum erproben neuer welten
selbsterfahrung und weite

die freiheit
zunächst nur last
hilflosigkeit und leere
die freiheit
die du nicht gewinnen wolltest
wird unaufgebbarer teil
neuen lebens
voll offenheit und bewegung

Der Herr, dein Gott, hat für dich den Fluch in Segen verwandelt;
denn der Herr, dein Gott, liebt dich.

Deuteronomium 23,6

»Sehen ist Stückwerk« – Kreative Umsetzung einer Erzählung

Nicht immer wird es uns geschenkt, daß wir Ereignisse im nachhinein neu sehen, verstehen, annehmen und deuten können, wie es im vorhergehenden zum Ausdruck kam. Es werden immer unverständliche und unbegreifliche Erfahrungen übrigbleiben. Unser Sehen bleibt Stückwerk.
Dieses Wissen ist in der folgenden Erzählung von Nikos Kazantzakis sehr »handgreiflich« ausgesprochen.
Man sollte versuchen, die Gedanken der Geschichte ganzheitlich erfahren zu lassen. Dazu ließe sich eine Art Happening inszenieren. Man baut einen großen, nicht zu vertrauten Gegenstand auf und deckt ihn unter Umständen teilweise ab. Nun werden die Teilnehmer einzeln mit verbundenen Augen hereingeholt und an unterschiedlichen Stellen an den Gegenstand herangeführt. Sie müssen ihren eng begrenzten Ausschnitt – wie in der Erzählung – genau betasten. Anschließend muß jeder im Plenum über seine (Teil-)Erfahrung berichten. Man setzt die Einzelteile wie eine Art Puzzle zusammen und tauscht sich über die gemachten Erfahrungen aus. Zuletzt betrachtet man das Ganze und liest die Geschichte.

Die Blinden

Es war einmal ein kleines Dorf in der Wüste. Alle Einwohner dieses Dorfes waren blind. Eines Tages kam dort ein großer König mit seinem Heer vorbei. Er ritt auf einem gewaltigen Elefanten. Die Blinden hatten viel von Elefanten erzählen hören und wurden von einer heftigen Lust befallen, heranzutreten und den Elefanten des Königs berühren zu dürfen und ihn zu untersuchen, um eine Vorstellung davon zu bekommen, was das für ein Ding sei.
Einige von ihnen – vielleicht waren es die Gemeindeältesten – traten vor und verneigten sich vor dem König und baten um die Erlaubnis, seinen Elefanten berühren zu dürfen. Der eine packte ihn beim Rüssel, der andere am Fuß, ein dritter an der Seite, einer reckte sich hoch auf und packte das Ohr, und ein anderer wieder durfte einen Ritt auf dem Rücken des Elefanten tun. Entzückt kehrten alle ins Dorf zurück, und die Blinden umringten sie und fragten eifrig, was denn das ungeheuerliche Tier Elefant für ein Wesen sei.

Der erste sagte: »Er ist ein großer Schlauch, der sich hebt und senkt, und es ist ein Jammer um den, den er zu packen kriegt.« Der zweite sagte:»Es ist eine mit Haut und Haaren bekleidete Säule.« Der dritte sagte: »Es ist wie eine Festungsmauer und hat auch Haut und Haare.« Der, der ihn am Ohr gepackt hatte, sagte: »Es ist keineswegs eine Mauer, es ist ein dicker, dicker Teppich, der sich bewegt, wenn man ihn anfaßt.« Und der letzte sagte: »Was redet ihr für Unsinn? Es ist ein gewaltiger Berg, der sich bewegt.«

Nikos Kazantzakis

Jetzt schauen wir in einen Spiegel und sehen nur rätselhafte Umrisse, dann aber schauen wir von Angesicht zu Angesicht. Jetzt erkenne ich unvollkommen, dann aber werde ich durch und durch erkennen, so wie ich auch durch und durch erkannt worden bin.

1 Korinther 13,1+2

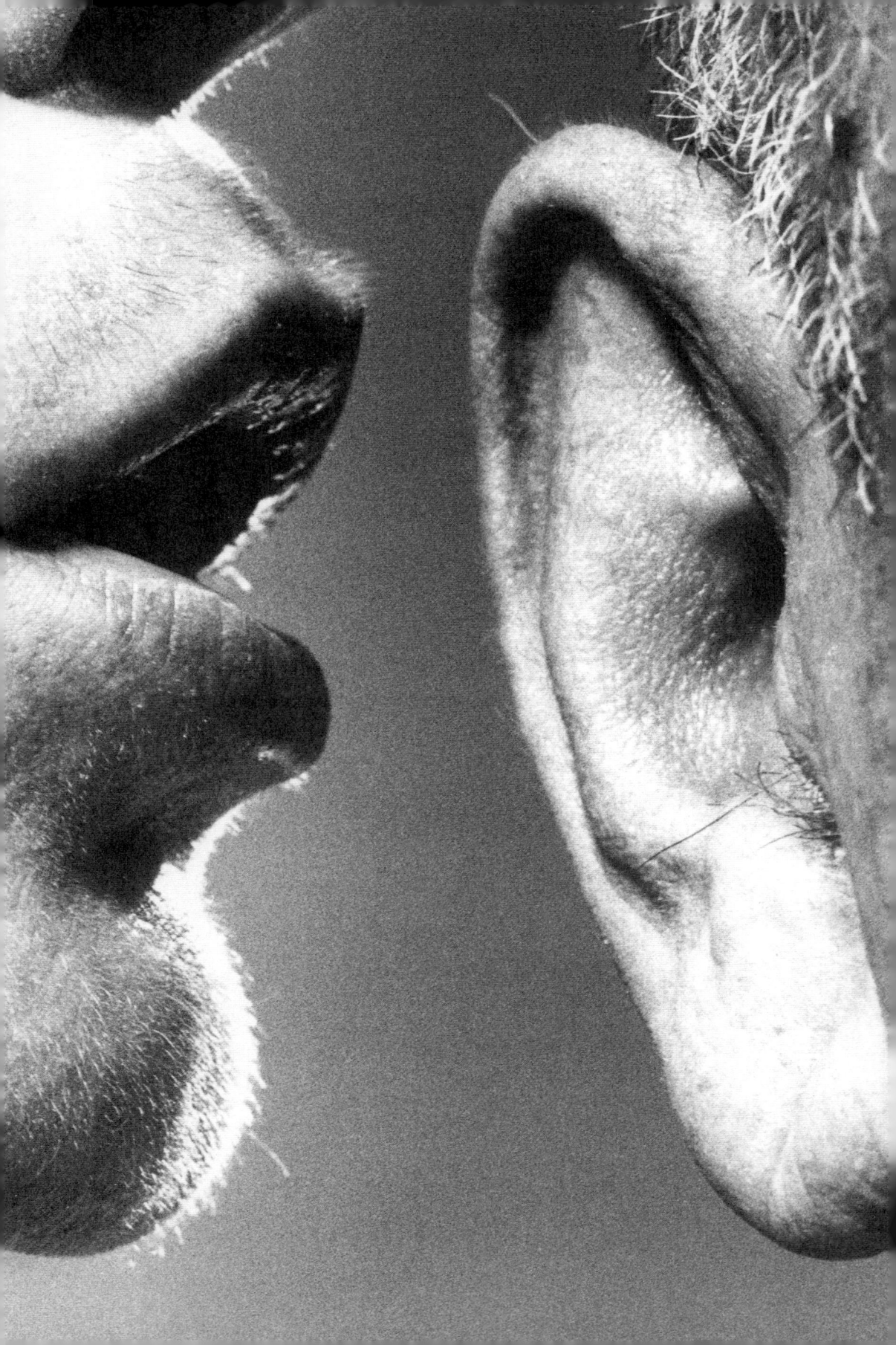

Neige deine Ohren zu mir, höre meine Rede …

Psalm 17,6

Bild des Ohres

Hinweise zum Aufbau und Gebrauch des Kapitels

Um die Ohren, den bildhaften Ausdruck für das Hören, geht es in diesem Kapitel. Dabei ist an meine eigenen Ohren gedacht, meine Fähigkeit zum Hören, die Ohren der Menschen um mich herum, die mich vernehmen oder mich auch nicht hören, schließlich um das Hören Gottes auf meine Rufe und mein Hinhören auf ihn.

> hören – gehört werden
> hören – zuhören
> hören – gehorchen

Um diese Wortpaare kreisen die Texte, Bilder, Meditationen und kreative Übungen.

Der erste Teil geht von der Erfahrung aus – und diese Erfahrung bleibt wohl keinem erspart –, daß ich in bestimmten Situationen mit anderen reden, mich mitteilen, mich aussprechen möchte, daß ich aber das Gefühl habe, daß mein Reden und Schreien niemanden erreichen. Die andern kommen mir wie taub vor für meine Worte, oder sie verschließen ihre Ohren. Ich bleibe ungehört. Umgekehrt gehen auch ihre Reden an mir vorbei; ich kann sie nicht verstehen.

Gott gegenüber haben wir oft das gleiche Empfinden. Wir meinen dann, daß wir vergeblich zu ihm rufen.

In den Worten der Bibel können wir entdecken, daß wir mit dieser Erfahrung nicht allein sind, sondern sie begegnet uns vielfach, vor allem in den Psalmen. Jedoch stehen daneben die Zeugnisse, daß Gott uns seine Ohren zuneigt.

Man sollte aber auch darüber nachdenken, ob man vielleicht lernen muß, sich in richtiger Weise Gehör zu verschaffen.

»Hören – zuhören« heißt das zweite Wortpaar. Das Hören-Lernen und/oder Zuhören-Lernen steht im Mittelpunkt des nächsten Teils. Im »Kleinen Prinzen« läßt Saint-Exupéry den Fuchs einmal zu dem Prinzen sagen: »Man sieht nur mit dem Herzen gut.« Diese Worte lassen sich sicherlich auch auf das Hören übertragen. Wenn ich wirklich auf einen Menschen hören will, muß ich mir Zeit für ihn nehmen, mich in ihn hineinversetzen, ganz – und das heißt doch mit dem Herzen – bei ihm und seinen Worten sein.

Hör-Übungen verschiedener Art, Meditation, Nachdenken über Texte, alles will dabei unterstützen, unser Hören zu intensivieren. Dabei wird es gerade an den Hör-Übungen deutlich, daß zum Hören auch immer das Stillwerden gehört.

In ganz besonderer Weise trifft das wohl zu, wenn ich in mich hineinhören und auf Gott hören will.

Das letzte Wortpaar »hören – gehorchen« wird hier in einer vielleicht ungewohnten Weise verstanden und umgesetzt. Das Wort gehorchen hängt ja mit horchen, auf etwas horchen oder hören, zusammen. Und so stellt dieser Teil immer wieder die Frage: Worauf höre ich? – Wir sind umgeben von einer Unmenge von Stimmen und Worten, die sich bei uns Gehör verschaffen wollen. Wie kann ich sie unterscheiden? Worauf höre ich also? Und wem gehorche ich damit?

Hören – gehört werden
Hören – sich Gehör verschaffen

Freunde und Gefährten bleiben mir fern in meinem Unglück, und meine Nächsten meiden mich… Ich bin wie ein Tauber, der nicht hört, wie ein Stummer, der den Mund nicht auftut. Ich bin wie einer, der nicht mehr hören kann, aus dessen Mund keine Entgegnung kommt.

Psalm 38,12+14f.

Hören
gehört werden

Ich sitze
in meinem Gefängnis
Mauern um mich.

Ich sehe die Menschen
Sie eilen, sie hasten,
sie reden, sie lachen.
Kein Ton erreicht mich,
taub meine Ohren.

Warum
geht alles an mir vorbei?

Ich rufe, ich schreie,
möchte reden, mich öffnen.
Keiner achtet auf mich.
Wie eine Stumme
stehe ich da.

Sie sehen mich an,
reden auf mich ein.
Ich aber schreie gegen eine Wand.

Hört mich denn keiner?

Auseinandersetzung mit einem Bild: Edvard Munch, Der Schrei

1. Hinweise zur Bildbetrachtung

Edvard Munchs wohl berühmtestes Bild ist das Ölgemälde »Der Schrei« aus dem Jahr 1893. Es ist motivlich identisch mit der hier vorliegenden Lithographie. Zur Entstehung des Ölbildes hat Munch sich selbst geäußert:

»Eines Abends ging ich einen Weg entlang – auf der einen Seite lag die Stadt und unter mir der Fjord. Ich war müde und krank – ich blieb stehen und sah hinaus über den Fjord – die Sonne ging unter – die Wolken färbten sich rot wie Blut. Ich malte dieses Bild – malte die Wolken als wirkliches Blut. – Die Farben schrien.«

Diese Bemerkungen weisen auf die starke Farbgebung in dem Ölgemälde hin und treffen deshalb nur teilweise auf die Lithographie zu. Aber die Intensität des Gefühls, die von diesem Erlebnis für Munch ausging, spricht auch noch aus der zwei Jahre später entstandenen Lithographie. Er schrieb auf diesen Druck Worte, die in verkürzter Form eine ähnliche Aussage machen:

»Geschrei – Ich fühlte das große Geschrei durch die Natur.«

Wenn man das Bild ansieht, so springt einem dieses »große Geschrei« gleichsam ins Gesicht. Der Eindruck wird noch intensiviert durch das Gefühl, daß niemand diesen Schrei vernimmt, daß er ungehört verhallt. Die Verlassenheit und Aussichtslosigkeit teilt sich dem Betrachter ganz unmittelbar mit. Das ist sicher auch der Grund dafür, daß man diesem Bild in vielen Zusammenhängen, wo es um Angst, Verzweiflung und ähnliche Gefühle geht, immer wieder begegnet. Betrachtet man jedoch den Bildbestand, so weist nichts auf die Ursache hin, die diesen grauenerregenden oder durch Grauen hervorgerufenen Schrei auslöst – weder ursprünglich bei Munch noch direkt im Bild.

Man sieht eine schräg ins Bild führende Brücke, die sich weit im Hintergrund verliert. Interpreten haben sie als Todessymbol gedeutet. Auf dieser Brücke schwankt ein schreckerfülltes Wesen – nicht erkennbar, welchem Geschlecht es angehört – auf den Beschauer zu. Der Körper, dessen Konturen kaum wahrnehmbar sind, ist leicht zurückgebogen zum Geländer hin, ohne sich jedoch anzulehnen. Die schmalen, überlangen Hände sind an den Kopf gepreßt. Oder sie sind wie lauschend an die Ohren gelegt, um vielleicht eine Antwort auf den Schrei zu vernehmen?

Der schneeweiße Kopf mit den Händen formt in seiner birnenförmigen Gestalt noch einmal den zum Schreien geöffneten Mund nach. Dieser Mund und die schreckensweit aufgerissenen Augen ziehen den Blick des Betrachters so stark auf sich, daß man zunächst kaum etwas anderes wahrnimmt. Das ganze Wesen gleicht einem einzigen Schrei des Grauens und der Verzweiflung. Es erscheint völlig isoliert von aller anderen Wirklichkeit, die unabhängig von ihm existiert – wie auf dem Bild – hinter seinem Rücken.

Zwar erscheinen im Hintergrund zwei entschwindende Fußgänger, aber im Grunde werden sie nur zu einem zusätzlichen Symbol der Isolierung und Einsamkeit der schreienden Gestalt. Keiner nimmt den anderen wahr. Der Schrei verhallt ungehört, die Spaziergänger vernehmen ihn nicht. Auch die beiden Schiffe auf dem fernen Meer und das Dorf mit der Kirche scheinen für die Gestalt auf der Brücke nicht zu existieren. Sie ist in absoluter Einsamkeit, allein mit ihrem Grauen.

Wellenlinien am Himmel und Senkrechtlinien hinter der Brücke vervollständigen die Landschaft des Bildes. Man hat die streifigen Muster in der Komposition oft als Verdeutlichung der Schallwellen des Schreis interpretiert. Das würde heißen, daß die Natur diesen Schrei aufnimmt – man vergleiche die Worte unter dem Bild –, daß jedoch Mensch und Menschenwerk von ihm unerreicht bleiben. Damit wird die Lithographie zu einem Sinnbild absoluter innerer Angst und Einsamkeit, aus der sich kein Ausweg zu zeigen scheint, die sich nirgends Gehör verschaffen kann.

Da Menschen immer wieder solche Situationen erleben, ist es nicht verwunderlich, daß sie sich von diesem Bild angesprochen fühlen. Allerdings ist der depressive Sog, der von ihm ausgeht, so stark, daß man in ähnlicher Lage wohl nur einstimmen kann in diesen Schrei, irgendein Hoffnungsschimmer wird nicht vermittelt.

2. Verfremdung des Bildes

Das Bild selbst gibt – wie wir sahen – keinen Hinweis auf die Ursachen, die zu diesem grauenvollen Schrei führen. Man sucht in ihm vergeblich danach. – Aber ebensowenig enthält es einen Hoffnungsschimmer, nicht das geringste Zeichen ist zu finden, daß der Schrei gehört wird.

Gerade diese Offenheit regt dazu an, das Bild in irgendeiner Weise zu verändern, zu erweitern, und das heißt zu verfremden. Für diese Aufgabe erhält jeder Teilnehmer eine große Kopie, die er bearbeiten kann. Außerdem werden Zeitschriften, Scheren, Klebstoff, Farben und Stifte bereitgestellt. Nun kann die Umgestaltung beginnen, indem man mit ausgeschnittenem Bildmaterial, Farben, Formen oder auch Wörtern in das Bild eingreift. Die einzige feststehende vorgegebene Größe ist die schreiende Person, evtl. mit der Brücke.

Bei der Gestaltung werden sicher – absichtlich oder auch unterschwellig – eigene Erfahrungen mit eingehen. Wir alle kennen doch Situationen, in denen wir unsere Angst und Verzweiflung auch so herausschreien möchten, aber wir sind stumm. Oder wir senden Hilfeschreie aus, und sie bleiben ungehört. Auf jeden Fall fällt es wohl keinem schwer, Schrecken und Bedrohungen, die sich im Hintergrund auftürmen oder die im Untergrund lauern, ins Bild zu setzen. Dabei kann die Gestaltung vielleicht ein wenig zur Befreiung beitragen; denn benannte, ausgesprochene, zu Gehör gebrachte, bildhaft dargestellte Ängste sind weniger bedrohlich als diffus Erahntes oder Befürchtetes.

Aber das Bild bietet auch die Möglichkeit, Hoffnungen, Wünsche oder Erfahrungen umzusetzen, die vom Gehörtwerden zeugen, die zeigen, daß da einer oder viele den Schrei vernehmen und den Schreienden aus seiner Isolation befreien.

Bei den Verfremdungen geht es natürlich in keiner Weise um künstlerische Ambitionen oder auch nur um irgendwelche vorzeigbaren Ergebnisse. Das Wichtige ist der Prozeß der Gestaltung und die dabei gemachten Erfahrungen, dem gegenüber ist auch das Inhaltliche zweitrangig.

Bei einer abschließenden Runde, in der alle Umgestaltungen angeschaut werden, darf unter keinen Umständen Kritik geübt werden. Über die neuen Bildinhalte sollte auch nur gesprochen werden, wenn derjenige, der die Verfremdung gemacht hat, es möchte. Wenn er mag, kann er sie selbst ein wenig erläutern. Ob sich daraus ein Gespräch ergibt und ob man über die gemachten Erfahrungen reden mag, hängt von der Gruppe ab.

Mein Gott, ich rufe bei Tag, doch du gibst keine Antwort;
ich rufe bei Nacht und finde doch keine Ruhe.

Psalm 22,3

Einfühlübung – Abruf eigener Erfahrungen

Die Gruppe erhält die Aufgabe, sich an Situationen im eigenen Leben zu erinnern, in denen man sich wie taub und stumm vorgekommen ist. Anschließend tauscht man sich über die gemachten Erfahrungen aus. Es bleibt allerdings jedem freigestellt, eigene Erlebnisse zu berichten. Wenn sich Gespräche über solche mitgeteilten Erfahrungen entwickeln, sollte es dabei weniger um die Situation selbst gehen, sondern um das Gehört-Werden und das Gehör-Verschaffen.
Folgende Fragen könnten dabei helfen:

Warum hörte mich keiner?
Habe ich mich nicht verständlich gemacht?
Habe ich aus irgendwelchen Gründen geschwiegen? Aus welchen?
War niemand da, der mir zuhören konnte?
War niemand bereit, mir wirklich zuzuhören?
Habe ich von keinem erwartet, daß er bereit ist zu hören?
War ich zu stolz, zu ängstlich, zu zurückhaltend, mir Gehör zu verschaffen?
Wie können wir besser aufeinander hören?

Wie geht's?
banale frage
frage
ohne erwarten
einer antwort

Wie geht's?
nur keine
ehrliche antwort
peinlich
wenn sie kommt

Wie geht's?
wie es wirklich geht
will ich nicht hören
Wie geht's?
diese frage
nur relikt
aus zeiten
wo man noch hören wollte?

Hören – zuhören

*S*ie haben Ohren und hören nicht.   Psalm 115,6

Gehörschäden

Hören –
nur auf das
was mir paßt
auf das
was mir gerade zusagt

Hören –
das Gehörte zurechtlegen
Unangenehmes ausklammern
mich nicht darauf einlassen

Hören
überhören
das Hören filtern

Aber –

Hören –
wirklich hören
nicht nur das eigene Echo

Hören –
hellhörig sein
für Nuancen und Schwingungen
sich Zeit nehmen zum Hinhören
Zeit zum Zuhören
ganz Ohr sein
für den anderen

Hören –
Ohren haben und hören

Hör-Übungen

1. Geräusche hören

Hören kann man nur, wenn man zur Stille kommt. Eine einfache Übung verknüpft das Still-Werden mit dem Hören auf Geräusche. Die Aufgabe lautet, eine bestimmte Zeit ganz still zu sein und alle Geräusche, die von außen oder in der Gruppe vernehmbar sind, bewußt aufzunehmen. Anschließend trägt man zusammen, was man gehört hat.

2. Geräusche erkennen

Hierbei geht es um die spielerische Übung des Gehörs. Die Gruppenteilnehmer sitzen im Kreis mit verbundenen oder geschlossenen Augen. Der Leiter macht jeweils ein Geräusch vor, und die anderen müssen aufschreiben, was sie gehört haben. Noch einfacher läßt es sich machen, wenn die Geräusche hinter einer dünnen Decke gemacht werden. Bei der Auswahl der Geräusche sollte man viel Phantasie walten lassen. Man kann über verschiedene Materialien mit der Hand streichen, Materialien gegeneinander reiben, fallen lassen, zerdrücken, zerreißen, zerbrechen usw.

3. Musik hören

In dieser Übung geht es darum, sich bewußtzuwerden, wie Empfindungen, Stimmungen und Gefühle oft mit bestimmten musikalischen Eindrücken verknüpft sind. Wir spielen in der Gruppe nacheinander unterschiedliche Musik vor. Das muß mit sehr viel Ruhe und Muße geschehen, damit man sich wirklich jeweils einhören kann. Nach jedem Stück schreibt man auf, welche Empfindungen durch die Musik hervorgerufen wurden. Durch ein anschließendes Gespräch kann man Hörgewohnheiten bewußtmachen, vielleicht auch neues Hören eröffnen.

Stille werden
ruhe finden
erfahrung und wunsch

liegen
ganz ruhig
fallen lassen
entspannen

57

atem
gleichbleibender rhythmus
welle
die hebt und trägt

alles verblaßt
gedanken fragen
ängste aufgeben

tiefe ruhe
offen werden
hören

Kanon zu 3 Stimmen

Schwei-ge und hö - re, nei-ge dei-nes

Her-zens Ohr! Su - che den Frie - den!

Zuhör-Übungen – Tonfall erkennen

Häufig reden wir miteinander sehr belanglose Sachen, hinter denen wir uns und unsere Gefühle verstecken. Wenn man jedoch ein gutes Ohr hat, kann man manches Mal etwas mehr über die Befindlichkeit des anderen heraushören, als die Worte verraten.

Die folgenden Übungen wollen helfen, für Untertöne und Nuancen im Tonfall hellhörig zu werden. Sie können unterschiedlich durchgeführt werden. Immer geht es jedoch darum, genau zu hören, wie ein anderer spricht, was ich aus der Art und dem Tonfall seiner Rede heraushören kann.

Die Hör-Übungen lassen sich als Partner- und Gruppen-Übungen durchführen.

1. Partner-Übung

Ein beliebiger, völlig nichtssagender Satz wird auf ein Blatt Papier geschrieben, und einer der Partner hat die Aufgabe, ihn dem anderen in wechselndem Tonfall vorzulesen. Die Möglichkeiten sind ihm vorgegeben.

Beispiele:
– Bitte ausdrücken
– liebevoll und zart sprechen
– Überlegenheit ausdrücken
– entschuldigend
– passiv, wie abgestorben
– arrogant
– ängstlich
– ärgerlich
– gereizt
– Freude und Glück ausdrücken
– depressiv und traurig
– zurückweisend
– befehlend usw.

Der/die andere muß versuchen herauszuhören, mit welchem Anliegen oder aus welchem Gefühl heraus der Satz jeweils gesprochen wurde. Um die Sache zu vereinfachen, kann man einige der Möglichkeiten vorher ansprechen oder alle einmal vorlesen.
Anschließend können die Partner ihre Aufgabe wechseln, wobei dann die Reihenfolge geändert werden muß.

2. Gruppen-Übung 1

Alle Teilnehmer/Teilnehmerinnen bekommen ein Blatt Papier mit einem beliebigen, völlig unwichtigen Satz. Sein Inhalt spielt bei der folgenden Übung überhaupt keine Rolle, er dient nur als »Wortmaterial«, das in unterschiedlichem Tonfall gesprochen werden soll.
Nun erhalten alle die Aufgabe, sich eine typische Sprech-Situation bzw. eine redende Person vorzustellen (Beispiele: Strafpredigt, Bittsteller, Marktschreier, Liebeserklärung, Befehlshaber, gelangweilter Sprecher, schluchzend, überzeugend usw.). In der entsprechenden Rolle spricht jede/r den erhaltenen Satz anschließend der Gruppe vor. Diese muß am Tonfall erraten, was sich der jeweilige Sprecher gedacht hat.

Die Teilnehmer werden in Kleingruppen aufgeteilt. Jede Gruppe erhält einen belanglosen Satz (s.o. Gruppen-Übung 1) und diesmal die gleiche Befindlichkeit, d.h. die gleiche Gefühlslage, die sie beim Sprechen ausdrücken soll. Allerdings muß sich jeder in der Kleingruppe seine eigene Version überlegen und anschließend einzeln im Plenum diesen Satz vorsprechen. Die Befindlichkeit muß erraten werden. Da sie sicher unterschiedlich zum Ausdruck kam, kann man gut darüber ins Gespräch kommen, woran man bestimmte Gefühle erkennen kann und ob bzw. wieweit wir in der Lage oder bereit sind, solche Empfindungen mit unserem Tonfall und Habitus auszudrücken und erkennbar zu machen.

So konnte Momo zuhören

Was die kleine Momo konnte wie kein anderer, das war: Zuhören. Das ist doch nichts Besonderes, wird nun vielleicht mancher Leser sagen, zuhören kann doch jeder.
Aber das ist ein Irrtum. Wirklich zuhören können nur ganz wenige Menschen. Und so wie Momo sich aufs Zuhören verstand, war es ganz und gar einmalig.
Momo konnte so zuhören, daß dummen Leuten plötzlich sehr gescheite Gedanken kamen. Nicht etwa, weil sie etwas sagte oder fragte, was den anderen auf solche Gedanken brachte, nein, sie saß nur da und hörte einfach zu, mit aller Aufmerksamkeit und aller Anteilnahme. Dabei schaute sie den anderen mit ihren großen, dunklen Augen an, und der Betreffende fühlte, wie in ihm auf einmal Gedanken auftauchten, von denen er nie geahnt hatte, daß sie in ihm steckten. Sie konnte so zuhören, daß ratlose oder unentschlossene Leute auf einmal ganz genau wußten, was sie wollten. Oder daß Unglückliche und Bedrückte zuversichtlich und froh wurden. Und wenn jemand meinte, sein Leben sei ganz verfehlt und bedeutungslos und er selbst nur irgendeiner unter Millionen, einer, auf den es überhaupt nicht ankommt und der ebenso schnell ersetzt werden kann wie eine kaputter Topf – und er ging hin und erzählte alles das der kleinen Momo, dann wurde ihm, noch während er redete, auf geheimnisvolle Weise klar, daß er sich gründlich irrte, daß es ihn, genauso wie er war, unter allen Menschen nur ein einziges Mal gab und daß er deshalb auf seine besondere Weise für die Welt wichtig war.
So konnte Momo zuhören!

Michael Ende

Zur Meditation

In einem Buch wird über eine Frau berichtet, die sich einen sehr ausgefallenen Beruf ausgedacht hat. Sie arbeitet als Zuhörerin gegen Honorar. Sie bietet ihre Zeit durch Inserate an und hat einen vollbesetzten Terminkalender. Anscheinend gibt es also ein großes Defizit an Zuhörern; denn diese Frau hat erzählt, daß man von ihr keine Ratschläge erwartet, ja, daß man gerade jemand sucht, der nicht gleich alles besser weiß und dies auch weitergeben möchte. Nur das Zuhören ist gefragt.
Die genannte Erfahrung kann Anlaß geben, unsere eigene Fähigkeit zum Zuhören zu hinterfragen.

Wie steht es mit dem Zuhören bei mir?
Kann ich das noch, wirklich zuhören?

Wann bin ich dazu bereit?
Wann nehme ich mir die Zeit dazu?

Habe ich Geduld beim Zuhören?

Kann ich einen Raum des Vertrauens schaffen, in dem Reden und Zuhören gelingen können?

Kann ich unvoreingenommen und ohne Mißtrauen zuhören?

Lasse ich den anderen reden, ohne sofort zu unterbrechen?

Besteht die Gefahr, daß ich mich selbst, meine Probleme und Erfahrungen immer gleich ins Spiel bringen will?

Kann ich vorschnelle Erwiderungen und Ratschläge zurückhalten?

Kann ich so zuhören, daß ich auch die unterschwelligen Nuancen vernehme, das, was zwischen den gesprochenen Sätzen schwingt?

Kann ich so zuhören, daß der andere sich angenommen fühlt?

Hören – gehorchen
Worauf höre ich?

Anregungen zum Nachdenken und zum Gespräch

Um sich darüber klarzuwerden, worauf man hört, ist es gut, sich überhaupt erst einmal ins Bewußtsein zu rufen, wie vielen unterschiedlichen Stimmen man ausgesetzt ist. Wir registrieren sie teilweise ja gar nicht als Stimmen oder Argumentationen, die Einfluß auf uns ausüben können. Die Vielzahl gehört so selbstverständlich zu unserem Alltag, daß sie oft an uns vorbeirauscht, ohne daß wir sie bewußt wahrnehmen. Wir wissen heute jedoch, daß gerade die unbewußte Beeinflussung eine große Rolle spielt. Sie kann zum einen so aussehen, daß wir sie gar nicht wirklich mit Aufmerksamkeit hören. Sie rauscht anscheinend unbeachtet vorbei.

Zum anderen gibt es die Stimmen, die verdeckt beeinflussen, ohne daß wir die unterschwelligen Tendenzen bemerken. Hierzu gehört vor allem die Werbung, Zeitschriftenartikel, aber auch Texte von Songs usw. Bei einem Gespräch mit Hauptschülern über die Wertigkeit der Stimmen wurde die Beeinflussung durch sie überhaupt nicht gesehen.

Das Arbeitsblatt (siehe Seite 63) will dazu helfen, die Stimmen zu identifizieren, denen wir ausgesetzt sind.

Stimmen, die auf mich einwirken

Überlegen Sie sich, welche Stimmen im Laufe einer Woche auf Sie einwirken. Denken Sie nicht nur an die, denen Sie bewußt zuhören, sondern auch an all die vielen, die mehr oder weniger an Ihnen vorbeirauschen.

Tragen Sie sie in die Zeichnung ein. Sie können auch noch mehr Pfeile beschriften, als vorgegeben sind.

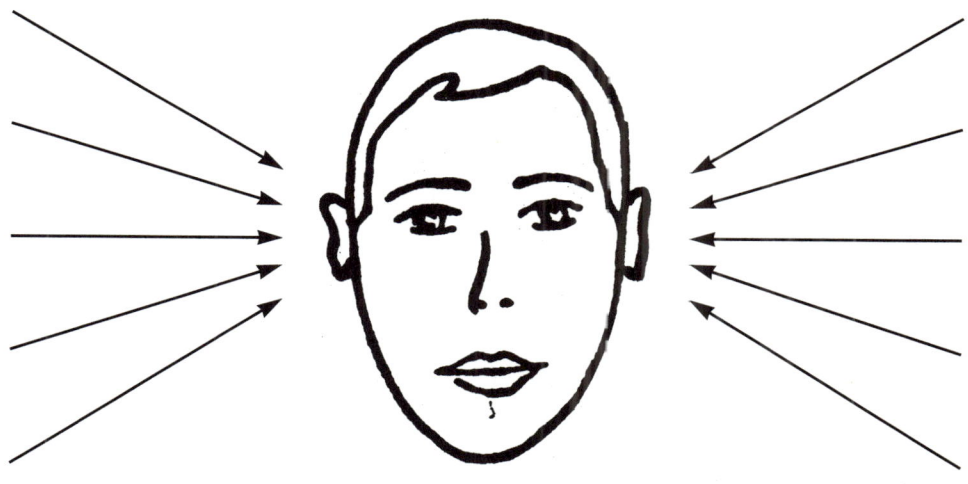

Worauf ich höre

worte und töne
um mich überall
sie strömen auf mich ein
überfallen mich
auf schritt und tritt
ich kann nicht entfliehen

worte und töne
ich höre sie alle
welche nehme ich auf
bewußt – ohne mein wollen
welche dringen ein
auf welche höre ich

worte und töne
ich höre
was man sagt
sagt überall
oft ohne zu prüfen
ohne zu denken
nehm ich an was ich hör

worte und töne
wie wähle ich aus
was laß ich heran
was überhöre ich gern
blende ich aus
forme ich um

worauf höre ich

Stimmen

Da rief der Herr den Samuel, und Samuel antwortete: Hier bin ich. Dann lief er zu Eli und sagte: Hier bin ich, du hast mich gerufen. Eli erwiderte: Ich habe dich nicht gerufen. Geh wieder schlafen. Da ging er und legte sich wieder schlafen. Der Herr rief noch einmal: Samuel! Samuel stand auf und ging zu Eli und sagte : Hier bin ich, du hast mich gerufen. Eli erwiderte: Ich habe dich nicht gerufen, mein Sohn. Geh wieder schlafen. Samuel kannte den Herrn noch nicht, und das Wort des Herrn war ihm noch nicht offenbart worden. Da rief der Herr den Samuel wieder, zum drittenmal. Er stand auf und ging zu Eli und sagte: Hier bin ich, du hast mich gerufen. Da merkte Eli, daß der Herr den Knaben gerufen hatte.

Eli sagte zu Samuel: Geh, leg dich schlafen! Wenn er dich (wieder) ruft, dann antworte: Rede, Herr; denn dein Diener hört.

1 Samuel 3,4-9

Ein Mensch hörte eine Stimme, die ihn rief. Er sagte: Hier bin ich. Du hast mich gerufen. Die Stimme sprach: Hör auf mich. Ich verschaffe dir Ansehen, Erfolg und Anerkennung. Du mußt nur immer schaffen und schaffen, alles andere vergessen, nicht rechts noch links sehen, alle Zeit deiner Arbeit widmen.

Und der Mensch hörte eine andere Stimme. Er sagte: Hier bin ich, du hast mich gerufen. Die Stimme sprach: Warum willst du noch leben? Alles ist vergeblich, alles ist sinnlos. Du bist allein, keiner kümmert sich um dich. Laß dich einfach fallen.

Und der Mensch hörte noch eine Stimme, die ihn rief. Und er sagte: Hier bin ich. Du hast mich gerufen. Und die Stimme sprach: Überall ist Not und Verzweiflung, aber dir geht es noch gut. Genieße die Zeit, mach das Beste daraus, gönn dir ein gutes Leben. Wer weiß, wie lange es noch geht?

Und der Mensch hörte eine Stimme, die sprach: Willst du Freiheit? Willst du Neues erleben? So laß alles zurück, vergiß, was dich hält. Geh einfach los, mach dich auf den Weg.

Und der Mensch hörte wieder eine andere Stimme, die sprach: Vergiß dich selbst. Denk nicht an dich. Du wirst gebraucht, deine Hilfe ist nötig.

Und der Mensch hörte eine Stimme, die ihn rief. Und er war bereit und sagte: Hier bin ich, ich höre. Und die Stimme sprach: Sieh die vielen Möglichkeiten, die du hast. Erprobe sie, nimm dir die Zeit. Entwickle dich weiter.

Und der Mensch hörte eine Stimme und noch eine Stimme und noch eine Stimme. Und er sagte immer wieder: Hier bin ich. Du hast mich gerufen. Aber er konnte die Stimmen nicht mehr unterscheiden. Und er hatte keinen, der ihm sagte: Das ist nicht die Stimme, die dir gilt. Er hatte keinen, der ihm sagte: Das ist die Stimme, auf die du hören mußt.

Rangordnung des Hörens

Überlegen Sie, welche »Stimmen« Sie in Ihrem Leben hören. (Man kann dabei auch unmittelbar auf die Skizze zu »Stimmen, die auf mich einwirken«, S. 63 zurückgreifen.) Versuchen Sie, eine Rangfolge aufzustellen nach der Wichtigkeit, der »Sprecher«; z.B. Eltern, Partner, Kinder, Freunde, Zeitungen, Nachrichten, Bücher, Allgemeinheit, Experten, Bibel usw.

Fragen zur Meditation – Worauf höre ich?

Welche Stimmen habe ich heute bewußt aufgenommen?

Welche Worte haben sich eingeprägt?

Gibt es Worte, die ich gern hörte?

Kann ich mich erinnern, Worte bewußt zur Seite gedrängt zu haben bzw. abgeschaltet zu haben?

Gibt es Worte, die mir heute wichtig geworden sind?

Was habe ich an Stimmen und Worten aufgenommen, auf die ich hätte verzichten können?

Gibt es Worte, die mich verärgert haben, auf die ich aber eine Entgegnung schuldig geblieben bin?

Habe ich unnötig Stimmen zugehört?

Habe ich vielleicht Worte nicht wichtig genug genommen?

Von welchen Stimmen habe ich mich in meinem Handeln beeinflussen lassen?

Wenn ihr auch noch so viel betet, ich höre es nicht. Eure Hände sind voller Blut. Wascht euch, reinigt euch! Laßt ab von eurem üblen Trei-ben... Lernt, Gutes zu tun!

Jesaja 1,15-17

Erschreckender Gedanke:
Gott verweigert das Hören,
wenn ich nicht höre.

Euch, die ihr zu mir gehört, sage ich...

Lukas 6,27

Wer zu mir gehört,
der hört mir zu,
der hört auf mich.

Heute, so ihr seine Stimme hört, verstockt euer Herz nicht.

Hebräer 3,7f.

Hören – gehorchen

Überall begegnen mir
in der Schrift
Worte vom »Hören«.

Der Schrei um Gehör;
Gott hört auf das Rufen;
Menschen hören von ihm.

»Gehorchen«
such ich fast vergeblich.

Doch dann entdeck ich:
Hören auf Gott
meint: ihm gehorchen.

Und ich frage:
Wie hör ich auf Gott?
Höre ich hin?
Laß ich mich treffen?
Oder leg ich zurecht,
was mir nicht paßt?
Schiebe ich fort,
was unbequem ist?

Laß mich
ganz Ohr sein,
hören – gehorchen.

Wer diese meine Worte hört und danach handelt, ist wie ein kluger Mann, der sein Haus auf Fels baute.

Matthäus 7,24

Da brachte man einen Taubstummen zu Jesus und bat ihn, er möge ihn berühren. Er nahm ihn beiseite, von der Menge weg, legte ihm die Finger in die Ohren und berührte dann die Zunge des Mannes mit Speichel; danach blickte er zum Himmel auf, seufzte und sagte zu dem Taubstummen: Effata!, das heißt: Öffne dich! Sogleich öffneten sich seine Ohren, seine Zunge wurde von ihrer Fessel befreit, und er konnte richtig reden.

Markus 7,32-35

Als Jesus
den tauben heilte
da ist er mit dem finger in dessen ohren
gegangen
er blieb nicht auf distanz
jesus ist ganz dicht an den tauben heran-
getreten und hat gesagt:

komm, laß mich mal an deine ohren heran
und dann hat jesus mit dem finger
in seinen ohren gebohrt
die waren nämlich total verstopft
jesus hat den gehörgang des tauben
frei gemacht
von floskeln
von lügen
von allgemeinplätzen
von vorurteilen
ganz tief drinnen
steckten religiöse sprüche
direkt auf dem trommelfell
und das war das schlimmste
sie saßen ganz tief drinnen
das alles hatte den mann taub gemacht
er konnte durch diesen ganzen wust
nicht mehr richtig hindurchhören
jesus hat das geschafft
indem er ganz nahe an den mann heranging
und nicht bloß distanziert belehrungen
und ermahnungen erteilte
von oben herab
als seelsorger
von amts wegen

Wilhelm Willms

... der Herr hält ihn fest an der Hand

Psalm 37, 24

Bild der Hand

Hinweise zum Aufbau und Gebrauch des Kapitels

Das sind die drei Themen dieses Kapitels:

> Aus Gottes Hand – in Gottes Hand
> Menschenhände – meine Hände
> Auf Händen getragen – auf Händen tragen

Die Hand ist ein besonders ausdrucksvolles, aber auch vielseitiges Bild. Das hängt damit zusammen, daß wir mit der Hand sehr unterschiedliche Dinge tun können. Auge und Ohr können genutzt oder verschlossen werden; die Möglichkeiten der Hände sind ungleich weitreichender. Zwischen der zuschlagenden und der streichelnden Hand liegt eine Welt – und eine ganze Palette unterschiedlicher Tätigkeiten und Erfahrungen.

In diesem Kapitel beginnen wir jedoch zunächst mit dem Nachdenken über Gottes Hände. In der Bibel wird sehr häufig von ihnen gesprochen. Sie geht davon aus, daß wir von Gottes Hand gemacht sind. Er ist unser Schöpfer, der uns geformt hat wie der Töpfer den Ton; damit ist er auch der Herr über unser Leben.

Daraus ergeben sich zwei unterschiedliche Weisen, in denen über die Hand Gottes gesprochen wird und die bei uns verschiedene Gefühle hervorrufen. Zum einen entsteht das Gefühl der Abhängigkeit, vielleicht sogar des Ausgeliefertseins und des Wissens, daß man Gott nicht entfliehen kann, daß seine Hand »schwer auf einem lastet« (Ps 38,3). Das klingt im Kapitel in den ersten Texten an.

Viel häufiger jedoch sind die biblischen Stellen, die von dem Wissen sprechen, in Gottes Hand aufgehoben zu sein, die das Gefühl der Geborgenheit und des Vertrauens weitergeben. Da wird vom Ergreifen, vom Halten, vom Retten usw. geredet. Die Zusage dieser Hilfe und Geborgenheit immer wieder ins Bewußtsein zu rufen, sie zu verinnerlichen und ihre Bedeutung für den Alltag zu aktivieren, ist deshalb das Hauptanliegen des ersten Teils. Wort, Meditation, Gestaltung wollen dabei helfen.

Um die menschlichen Hände, um das, was wir mit ihnen tun oder tun können oder auch unterlassen, kreist der zweite Abschnitt. Wir gehen dabei von der bewußten Betrachtung der Hände aus, bedenken ihre Fähigkeiten und Möglichkeiten, erproben, machen Erfahrungen und sprechen über sie. Damit sind wir immer wieder bei unseren eigenen Händen und der Frage, wie wir sie benutzen.

Das Lied am Anfang des dritten Teils verknüpft beides, Gottes Hände und unsere. »Meine Zeit in Gottes Händen…« nimmt den Gedanken auf, daß unser ganzes Leben in Gott geborgen ist, oder wie es im Leitwort heißt, daß wir »… auf Händen getragen« sind. Gleichzeitig spricht das Lied davon, welche Konsequenz für unser Handeln ein solches Wissen haben sollte, oder – wieder mit dem Leitwort gesprochen – wie wir auch andere »… auf Händen tragen« können. Verkürzt ließe sich formulieren: getragen tragen.

Die Texte und Übungen sprechen von der Zusage, daß wir getragen sind, von den schwierigen Erfahrungen, die wir beim Tragen machen, von der mangelnden Kraft, dem Versagen. Aber sie wollen auch dazu ermuntern und Mut machen, tragen zu helfen; und gerade die Karikatur und die letzten Texte wollen zeigen, daß die Tragfähigkeit beim Zupacken wächst.

Aus Gottes Hand ... in Gottes Hand

Das Wort, das vom Herrn an Jeremia erging: Mach dich auf, und geh zum Haus des Töpfers hinab! Dort will ich dir meine Worte mitteilen. So ging ich zum Haus des Töpfers hinab. Er arbeitete gerade mit der Töpferscheibe. Mißriet das Gefäß, das er in Arbeit hatte, wie es beim Ton in der Hand des Töpfers vorkommen kann, so machte der Töpfer daraus wieder ein anderes Gefäß, ganz wie es ihm gefiel. Da erging an mich das Wort des Herrn: Kann ich nicht mit euch verfahren wie dieser Töpfer, Haus Israel? – Spruch des Herrn. Seht, wie der Ton in der Hand des Töpfers, so seid ihr in meiner Hand, Haus Israel.

Jeremia 18, 1-6

Und doch bist du, Herr, unser Vater.
Wir sind der Ton, und du bist unser Töpfer,
wir alle sind das Werk deiner Hände.

Jesaja 64,7

Du umschließt mich von allen Seiten und legst deine Hand auf mich.

Psalm 139,5

Herr, mein Gott, mein Vater im Himmel,
wie schön, daß du mich siehst!
Du kennst mich.
Du siehst mich, wenn ich Angst habe,
du siehst mich, wenn ich mich verstecke
und nicht zugebe, was ich getan habe.
Du siehst mich, wenn ich allein bin
und von großen Dingen träume
und von dem Leben, das vor mir liegt.
Wie gut, daß du mich siehst!
Ich kann ja keinen Schritt tun,
bei dem du mich nicht begleitest.
Ich kann kein Wort denken,
das du nicht hörst, ehe ich es ausspreche.

Wie in zwei großen Händen hältst du mich.
Ich bin darin geborgen wie ein Vogel im Nest,
und manchmal scheint mir, ich sei darin gefangen
wie ein Vogel im Käfig.
Herr, manchmal ist mir unheimlich
vor deiner großen Hand, in der ich gefangen bin,
und ich möchte ihr gerne entrinnen.
Ich denke über die große Welt nach,
über die künstlichen Monde, die die Menschen machen,
über die Raumschiffe, die in den Weltraum hinausjagen,
und denke mir,
daß wir Menschen dich eigentlich nicht mehr nötig haben.
Aber während ich das denke, bist du um mich
und ich bin in deinen beiden großen Händen.

Ich denke manchmal auch,
es habe eigentlich gar keinen Sinn, daß es mich gibt.
Dann habe ich dieses Leben satt
und würde es gerne wegwerfen.
Denn ich habe es mir nicht selber ausgesucht. Aber ich weiß:
Wenn ich mein Leben wegwerfe und zu den Toten komme,
dann begegne ich dort doch wieder dir
und ich bin wieder in deinen Händen gefangen
und bin weder meinen Aufgaben noch dir entflohen.

Jörg Zink

*G*ehe ich auch mitten durch große Not: du erhältst mich am Leben. Du
streckst die Hand aus gegen meine wütenden Feinde, und deine Rechte
hilft mir. Der Herr nimmt sich meiner an. Herr, deine Huld währt ewig.
Laß nicht ab vom Werk deiner Hände.

Psalm 138,7-8

*I*n deiner Hand liegt mein Geschick…   Psalm 31,16

Warum meine ich dann immer,
ich müßte alles in den Griff bekommen?
Warum zermartere ich mir den Kopf,
wie es weitergehen soll?

75

Warum fürchte ich mich vor der Zukunft?
Warum macht mich kaputt,
was vor mir liegt wie ein riesiger Berg?

In deiner Hand liegt mein Geschick.
In deiner Hand, nicht in meiner.

Leg dein Schicksal in Gottes Hand, verlaß dich auf ihn.

Psalm 37,5 (Gute Nachricht)

Leg dein Schicksal in Gottes Hand

Zusage gegen Angst
Vertrauen – Hoffnung

Offene Hand
für mich
meine Zukunft

Leg dein Schicksal in Gottes Hand

Befreiung von Enttäuschung
Erinnerungen
bedrückenden Gefühlen

Offene Hand
für mich
meine Vergangenheit

Alles ablegen
übergeben
frei werden
fürs Heute

In diesen Zusammenhang paßt sehr gut das Spiritual: He's got the whole world in
his hand …, zu dem man auch eigene Verse dichten könnte.

Da stieg Petrus aus dem Boot und ging über das Wasser auf Jesus zu. Als er aber sah, wie heftig der Wind war, bekam er Angst und begann unterzugehen. Er schrie: Herr, rette mich! Jesus streckte sofort die Hand aus und ergriff ihn.

Matthäus 14,29ff.

Vgl. die Texte S. 109 und S. 215.

Körper-Übung

Die folgende Körperübung ist gedacht für eine Gruppe, die bereits relativ vertraut miteinander ist. Besonders geeignet wäre sie z.B. als Abschluß eines Abends, in dem man über Hände, vor allem Gottes Hände, nachgedacht hat. Man sollte Decken o.ä. vorbereitet haben, so daß sich jeder liegend entspannen kann. Als Einstimmung könnte man evtl. Bibelverse vorlesen, die im Laufe des Abends angesprochen wurden.

Ich lege mich auf dem Bauch auf meine Decke.
Die Fußspitzen ruhen auf dem Boden,
die Fersen fallen auseinander.
Der Kopf liegt auf einer Wange
oder auf der Stirn,
wie es mir bequemer ist.
Ich lasse alle Glieder schwer auf dem Boden aufliegen.
Die Schultern fallen nach vorn,
immer lockerer und tiefer.

Ich habe den Mut,
mich ganz fallenzulassen.
Ich weiß, daß ich ganz sicher ruhe.
Ich werde aufgefangen.
Immer tiefer sinke ich in den Boden hinein.
Alle Verspannungen weichen.
Ich kann mich ganz loslassen.
Ängste und Verkrampfungen verschwinden.
Ich empfinde eine große Ruhe und Gelassenheit.
Ich spüre ganz tief in mir,
was es heißt:
Ich bin geborgen in Gottes Hand.

Fürchte dich nicht, denn ich bin mit dir;
hab keine Angst, denn ich bin dein Gott.
Ich helfe dir, ja, ich mache dich stark,
ja, ich halte dich mit meiner hilfreichen Rechten…
Denn ich bin der Herr, dein Gott,
der deine rechte Hand ergreift
und zu dir sagt: Fürchte dich nicht,
ich werde dir helfen.

Jesaja 41,10+13

Ich weiß um das Geschenk
mich fallenlassen zu dürfen
und nicht zu stürzen

und so
vermag ich
immer wieder
aufzustehen

Margot Bickel

Beschäftigung mit einer Karikatur

Die Karikatur von Ivan Staiger »Von Gott gehalten« spricht eigentlich für sich selbst. Man braucht keine großen Interpretationen.

Vielleicht sollte man sich aber sehr bewußt die Situation des kleinen Mannes klarmachen: Er steht am Rande eines Abgrunds, den er überwinden muß. Man hätte sich eine sehr ängstliche, abwartende oder zögernde Haltung vorstellen können. Davon ist jedoch nichts zu sehen, er marschiert sehr unbeschwert und selbstverständlich auf den Abgrund zu.

Die Frage, die dabei für uns entsteht, ist natürlich, ob das an seiner Naivität liegt oder ob er aus einem großen Vertrauen heraus so weitergehen kann. Interessanterweise ist die Hand Gottes ja auch nicht durchgezeichnet, sondern nur gestrichelt. Das könnte doch bedeuten, daß sie nicht für alle sichtbar da ist, sondern nur für diesen Mann in seiner Situation.

An dieser Fragestellung zeigt sich, daß alle Verhaltensweisen und Interpretationen, in denen es um Glauben und Vertrauen geht, hinterfragbar und deutungsoffen sind, für den Betroffenen unter Umständen jedoch von einer großen Realität.

Von Gott gehalten

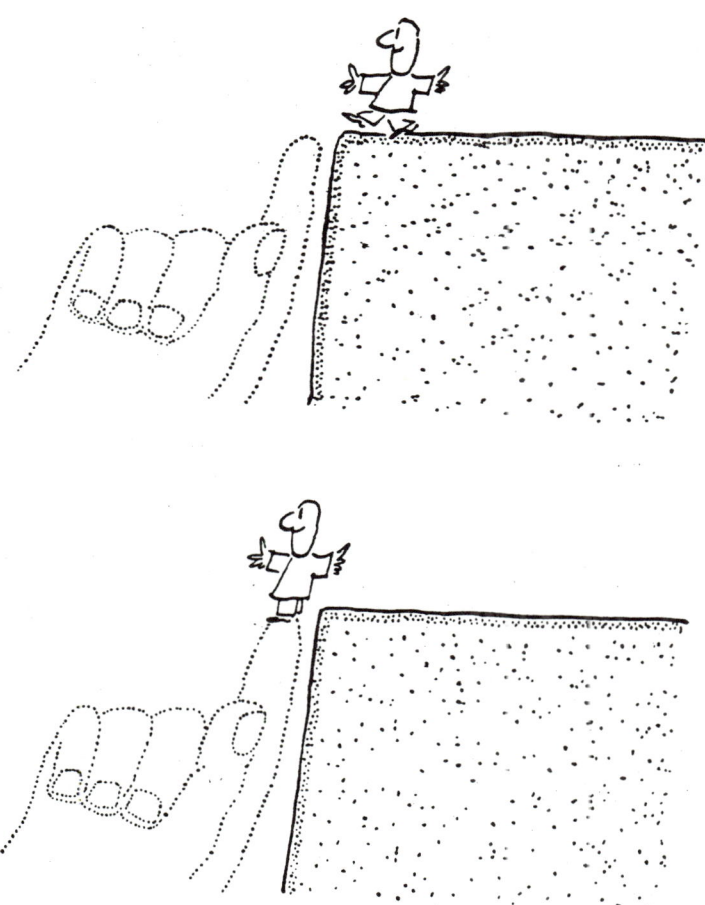

Ivan Steiger

Gestalterische Aufgaben

1. Wort-Bilder schreiben

Wir suchen uns eins (oder mehrere) der Bibelworte, die uns wichtig (geworden) sind, aus und schreiben und gestalten sie in besonderer Weise, so daß wir sie für uns aufstellen oder aufhängen können. Sie wollen uns immer wieder von neuem die Zusage Gottes in Erinnerung rufen.
Vorschläge für Worte, die von der Hand Gottes reden: Esra 2,22b; Ps 31,6.16; 37,24b; 63,9; 73,23; 138,7; 139,5; Jes 41,10.13

Sehr einfach und attraktiv – auch für keine großen Schriftexperten – ist folgende Art der Gestaltung: Man schreibt in großen Buchstaben und verbindet diese miteinander. Das erschwert ein wenig das Lesen, ruft aber einen sehr hübschen Verfremdungseffekt hervor. Durch verschieden große Buchstaben kann man wichtige Worte hervorheben, andere zurücktreten lassen. Man sollte zunächst mit der Aufteilung der Worte ein bißchen spielen, ehe man sich zur endgültigen Gestaltung entschließt. Nachdem das Schriftbild den eigenen Vorstellungen entspricht, kann man mit Farben allem noch einen besonderen Reiz geben. Besondere Effekte kann man erzielen, wenn man leicht verwischbare Stifte für die Schriftzüge benutzt, die ein wenig verschwimmen, wenn man mit Wasserfarben darüber arbeitet:

2. Hand-Symbol-Bilder gestalten

Diese Aufgabe eignet sich vor allem für Kinder, die in besonderer Weise auf Bild-Symbole ansprechen.

Man zeichnet oder malt eine geöffnete Hand, oder man benutzt die vorgegebene Zeichnung als Ausgangsmaterial (s. Abb.). Dann montiert man in diese Hand ein Foto (oder eine Zeichnung) von sich allein oder mit Menschen, die einem wichtig sind. Diese einfache Collage symbolisiert die Zusage, die die biblischen Worte von Gottes Hand geben. Sie kann als Vergewisserung immer wieder vor Augen stehen.

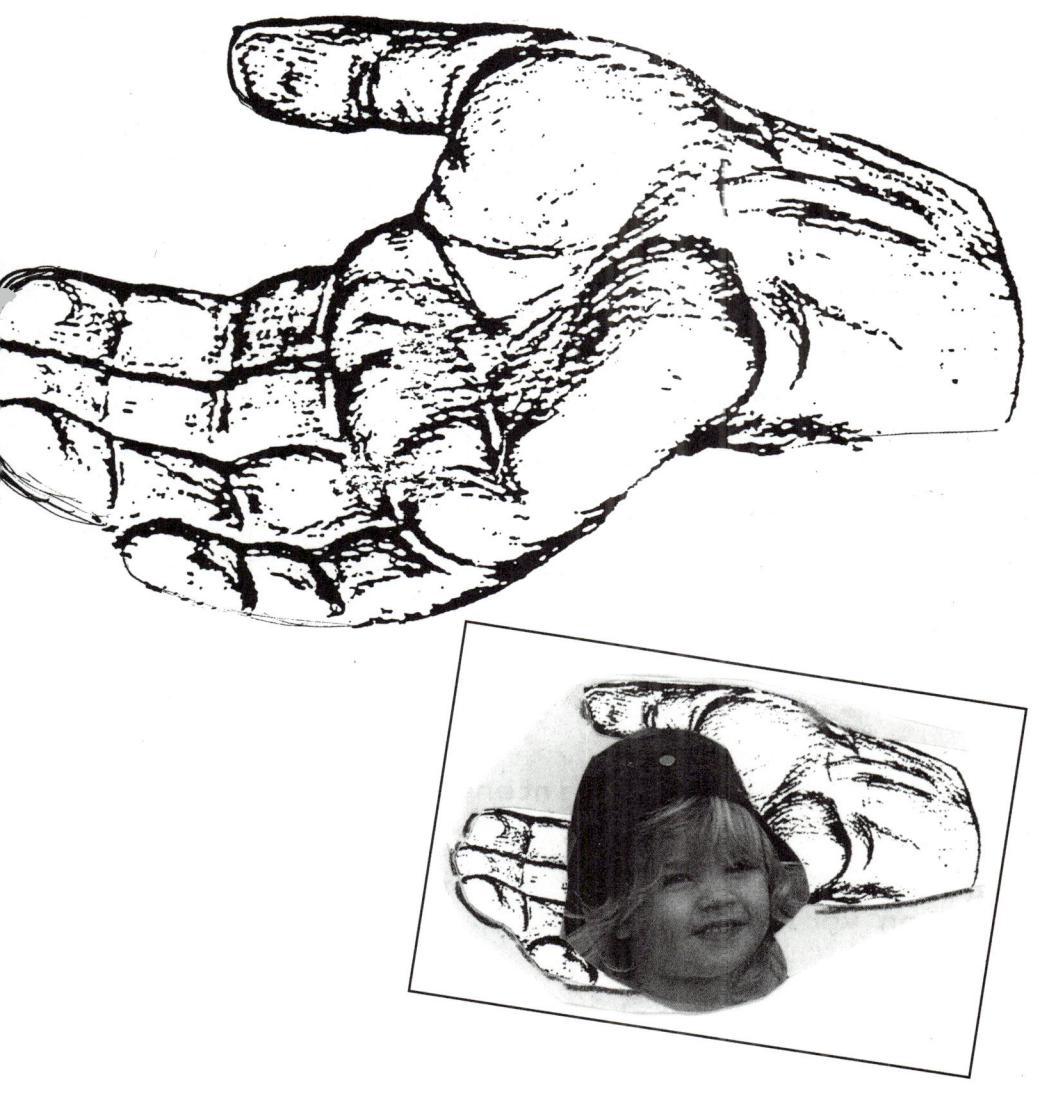

Eine andere Möglichkeit wäre es, eine Hand als Vertrauenssymbol zu tonen. Sie kann immer wieder sehr handgreiflich an die Zusage, daß wir in Gottes Hand geborgen sind, erinnern.

Menschenhände – meine Hände

Hände entdecken

Zunächst geht es darum, die eigenen Hände genau zu betrachten und neu zu entdecken. Was habe ich daran noch nie so genau gesehen? Ihre Größe, die Form, die Nägel, die einzelnen Finger, den Handrücken, die Handflächen mit ihren Linien, vielleicht Narben, die an Erlebnisse und Erfahrungen erinnern, Spuren von bestimmten Arbeiten oder Beschäftigungen.

In einem zweiten Schritt vergleiche ich meine Hände mit denen meines Nachbarn. Wo sind besonders stark ins Auge fallende Unterschiede.

In einem dritten Schritt wollen wir spielerisch Hände und Menschen einander zuordnen. Wir hängen zwei Decken so übereinander (evtl. zwischen den Türrahmen), daß man die Hände hindurchstecken kann, ohne daß die dahinterstehende Person zu sehen ist. Nun wird geraten, wer zu den jeweils gezeigten Händen gehören könnte.

All diese Übungen helfen uns, die Einmaligkeit und Besonderheit unserer Hände zu entdecken, was ja auch in der Unverwechselbarkeit der Fingerabdrücke zum Ausdruck kommt (die man spaßeshalber auch noch miteinander vergleichen kann).

Gruppenmeditation

Wir sammeln Fotos, die Hände in sehr unterschiedlichen Haltungen und Handlungen zeigen. In Ruhe betrachten wir die Bilder. Jeder sucht sich eins aus, das ihn besonders anspricht. Anschließend spricht jeder über die Hände seines Bildes, verbindet sie mit Erfahrungen oder auch Wünschen.

Herstellung von Collagen

Aus Illustrierten oder anderen Bildern werden ganz unterschiedliche Hände ausgeschnitten und zu einer Collage zusammengestellt (vgl. Abb.). Dabei geht es sowohl um die Verschiedenartigkeit der Hände als vor allem auch um den Ausdruck ihrer Bewegung. Auch diese Collagen können Anlaß geben, über die Bedeutung von Händen und ihrem Tun nachzudenken.

Als Ergänzung oder Gegenüberstellung dazu ließen sich Collagen herstellen aus Gottes bzw. Jesu Händen, die man künstlerischen Darstellungen entnimmt.

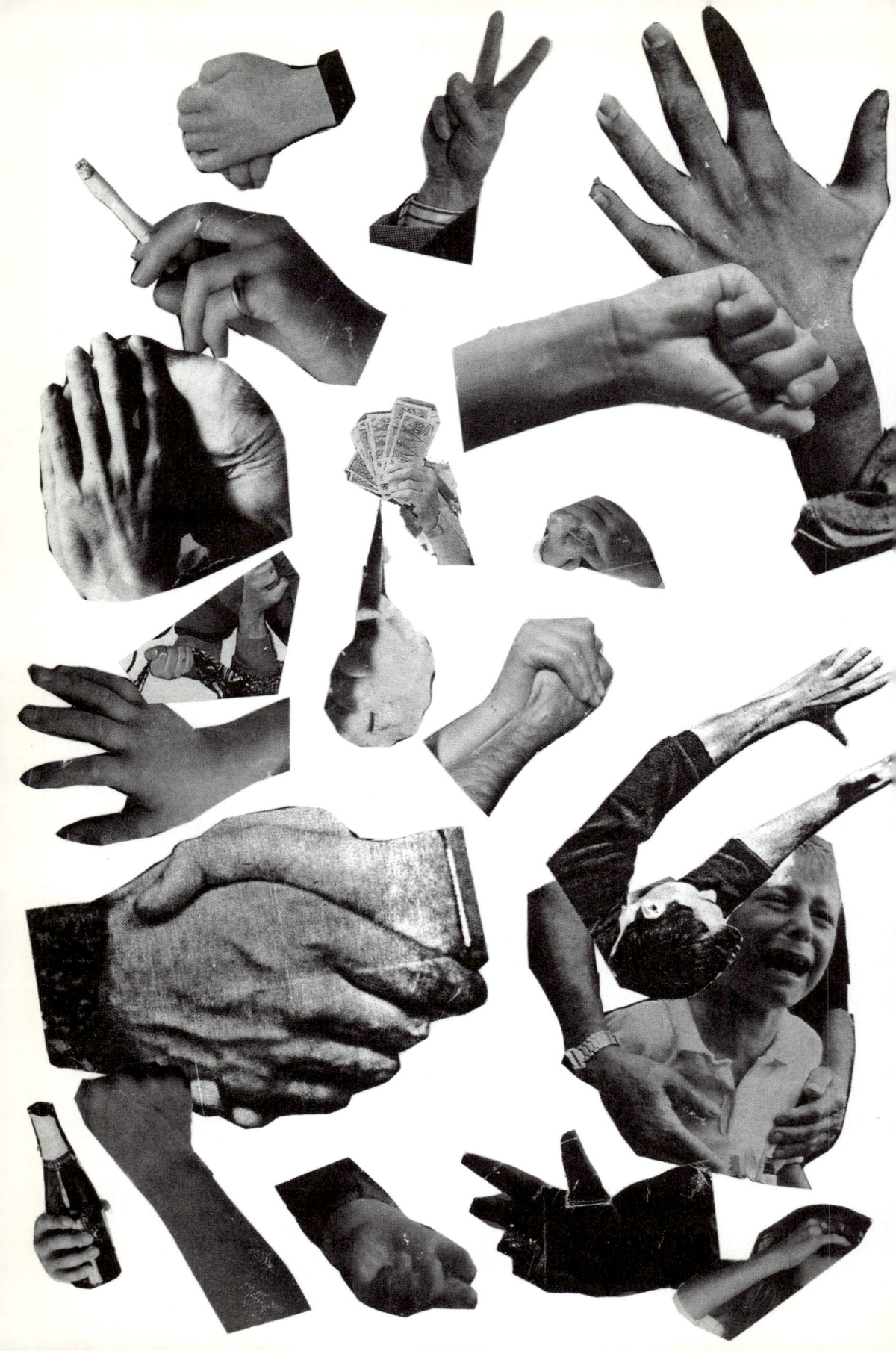

Hände verknoten und lösen

Alle Teilnehmer stellen sich Schulter an Schulter im Kreis auf, schließen die Augen und strecken die Hände in die Mitte. Jeder ergreift zwei Hände. Nun versucht man, das entstehende Gewirr auf sinnvolle Weise zu lösen, ohne die Hände loszulassen. Wie kann man sich einigen? Welche Gebilde entstehen (Kreis, Acht, zwei Kreise oder…)? Findet man einen gemeinsamen Weg?

Redensarten von den »Händen«

Unsere Sprache ist voll von Redensarten, in denen die Hände ein Rolle spielen. Sie können uns einen Spiegel vorhalten, wenn wir im Blick auf unsere eigenen Hände über sie nachdenken. (In einer Gruppe sollte man sie gemeinsam sammeln, ordnen und meditieren.)

— Die Hand im Spiel haben.
— Jemanden an die Hand nehmen.
— Die Hand von etwas abziehen.
— Jemanden in der Hand haben.
— Etwas gegen jemand in der Hand haben.
— Die Hand auflegen.
— Eine Hand wäscht die andere.
— Seine Hände in Unschuld waschen.
— Die Hände in den Schoß legen.
— Jemanden auf Händen tragen.
— Etwas in die Hand versprechen.
— Mit leeren Händen dastehen.
— Offene Hände haben.
— Sich nicht die Hände verbrennen wollen.
— Jemandem etwas aus der Hand schlagen.
— Hände öffnen.
— Hände entgegenstrecken.
— Etwas »unter der Hand« tun.
— Etwas hinter vorgehaltener Hand sagen.
— Handgreiflich werden.
— Von der Hand in den Mund leben.
— Etwas in der Hinterhand behalten.
— Jemand mit Samthandschuhen anfassen.

- Eine handfeste Sache planen.
- Etwas von langer Hand vorbereiten.
- Etwas jemand anderem in die Hände legen.
- Hand an jemand legen.
- Jemandem in die Hände fallen.
- Die Hand über jemand halten.
- Jemand etwas aus der Hand nehmen.
- Sich in der Hand haben.
- Einen anderen in der Hand haben.
- Einem anderen die Hand reichen.
- Die rechte Hand weiß nicht, was die linke tut.

Nachdenken über Hände: Wie Hände sind – was Hände tun

Überall begegnen uns Hände. Sie sehen sehr unterschiedlich aus, sie wirken und sie handeln oft ganz verschieden.
Wir bilden zwei Wortreihen mit entgegengesetzten Aussagen. Sie können helfen, über Hände – Hände, die uns begegnen, und auch unsere Hände – nachzudenken.

So können Hände sein

zart	–	grob
ausgestreckt	–	geballt
sanft	–	...
...	–	...

Das können Hände tun

heilen	–	verwunden
geben	–	nehmen
streicheln	–	...
...	–	...

hände

gottes hände
sie halten
sie trösten
sie retten mit gewaltigem arm

menschenhände
viele reichen in mein leben
sie halten – sie werfen weg
sie tragen – sie lassen fallen
sie streicheln – sie verletzen
sie teilen – sie nehmen
sie schenken – sie fordern
sie verbinden – sie schlagen wunden

und …
meine hände?

Bei der Versicherungsgesellschaft
habe ich mich besonders für die
Versicherung von Händen interessiert.

Was ist der Wert –
von Künstlerhänden?
von Ärzte- und Pflegerinnenhänden?
von Athletenhänden?
von Schriftstellerhänden?

Was ist der Wert –
ja, das möchte ich wissen –
von Händen, die Almosen heischen,
und von solchen, die sie geben,
von Händen, die beten,
von Händen, die dich, Herr,
emporheben?

Dom Helder Camara

87

Erfahrungen mit Händen

Auf Zettel werden verschiedene – recht allgemein gehaltene – Dinge geschrieben, die Hände tun können, z.B. einem anderen Zuneigung zeigen, jemand einschüchtern usw. Die Zettel werden zusammengefaltet und zwei bis vier Teilnehmer ziehen gemeinsam einen Vorschlag. Die Kleingruppe probiert die unterschiedlichen Möglichkeiten mit den Händen aus als der, der aktiv ist, und als der, dem »handreifliche« Zuwendung gilt. Dabei sollten wir unsere Phantasie spielen lassen und neue Möglichkeiten entdecken. Man tauscht die dabei gemachten Erfahrungen und berichtet im Plenum. Anschließend können die Vorschläge der Zettel neu verteilt werden und der Vorgang wiederholt sich noch ein oder mehrere Male.

Leitende Fragen – fürs Gespräch oder auch für die eigene Meditation – im Blick auf das, was ich getan habe und was man mir getan hat, können sein:

Welche Ausdrücke der Hände waren mir lieb, vertraut, fremd?
Wobei habe ich mich wohl gefühlt?
Welche kenne ich wohl, möchte ich aber vermeiden?
Welche haben mir gutgetan?
Könnte ich sie weitergeben?
Vor welchen fürchte ich mich bei anderen?
Welche neuen Möglichkeiten habe ich unter Umständen entdeckt?

Auf Händen getragen – auf Händen tragen

Unsere Zeit in Gottes Händen

T: Hans-Jürgen Netz/M: Fritz Baltruweit
Quelle: Gib mir deine Hand
Aus: F. Baltruweit – Meine Lieder, 1995.
Alle Rechte im tvd-Verlag, Düsseldorf

1. Un- sere Zeit in Got- tes Hän- den. Le- ben heißt das Bö- se wen- den und die Lie- be wei- ter tra- gen. Je- den Tag die Zu- kunft wa- gen, je- den Tag die Zu- kunft wa - gen.

2. Unsere Zeit in Gottes Händen./ Leben heißt das Böse wenden
   und die Schöpfung zu bewahren,/ jeden Tag in allen Jahren.
3. Unsere Zeit in Gottes Händen./ Gottes Liebe wird nicht enden,
   bleibt bei uns, wird uns begleiten,/ jeden Tag in schweren Zeiten.
4. Unsere Zeit in Gottes Händen./ Leben heißt das Böse wenden
   und auch gegen Dunkelheiten,/ jeden Tag das Licht verbreiten.
5. Unsere Zeit in Gottes Händen./ Leben heißt das Böse wenden
   und den Menschen zu vertrauen,/ jeden Tag am Frieden bauen.
6. Unsere Zeit in Gottes Händen./ Gottes Liebe wird nicht enden
   in der Freude, in den Sorgen,/ jeden Tag sind wir geborgen.
7. Unsere Zeit in Gottes Händen./ Leben heißt das Böse wenden,
   jeden Tag ein Zeichen geben,/ unsre Zeit ist unser Leben.

*D*a hat der Herr, dein Gott, dich auf dem ganzen Weg, den ihr gewandert seid, getragen, wie ein Vater seinen Sohn trägt, bis ihr an diesen Ort kamt.

Deuteronomium 1,31

Spuren im Sand

Eines Nachts hatte ich diesen Traum: Ich ging mit Gott, meinem Herrn, am Strand entlang. Vor meinen Augen zogen Bilder aus meinem Leben vorüber, und auf jedem Bild entdeckte ich Fußspuren im Sand. Manchmal sah ich die Abdrücke von zwei Fußpaaren, dann wieder nur von einem Paar.

Das verwirrte mich, denn ich stellte fest, daß immer dann, wenn ich unter Angst, Sorge oder dem Gefühl des Versagens litt, nur die Abdrücke von einem Fußpaar zu sehen waren. Deshalb wandte ich mich an den Herrn: »Du hast mir versprochen, Herr, du würdest immer mit mir gehen. Ich sehe aber in den Tagen meiner größten Not nur eine einzige Fußspur. Warum hast du mich immer dann allein gelassen, wenn ich dich am dringendsten brauchte?«

Da antwortete der Herr: »Nie ließ ich dich allein. Wo du nur ein Paar Spuren im Sand erkennst, da habe ich dich getragen.«

Vgl. die Karikatur S. 79

Ich war es, der Ephraim gehen lehrte,
ich nahm ihn auf meine Arme.

Hosea 11,3

An jenem Tag wird man zu Jerusalem sagen:
Fürchte dich nicht, Zion!
Laß die Hände nicht sinken!
Der Herr, dein Gott ist in deiner Mitte,
ein Held, der Rettung bringt.
Er freut sich und jubelt über dich,
er erneuert seine Liebe zu dir,
er jubelt über dich und frohlockt,
wie man frohlockt an einem Festtag.

Zefanja 3,16+17

Laß die Hände nicht sinken...

Hände nicht sinken lassen
etwas tun
sinnvolles tun

aber –
wohin ist die kraft
wo mut – energie

nur leere, verzweiflung
kummer und schmerz
dem tod näher
als dem leben

depression
einhüllender mantel
hineinschlüpfen
vergessen

die hände im schoß
gleichgültig und kraftlos
unfähig zum tun

Nicht müde werden,
sondern dem Wunder leise,
wie einem Vogel,
die Hand hinhalten.

Hilde Domin

Zum Nachdenken

Wir lassen den letzten Tag an uns vorüberziehen und überlegen, was unsere Hände an ihm getan haben, wie sie anderen begegnet sind, was sie geschafft haben, was sie unterlassen haben, wo sie versagt haben.

Ich werde euch erlösen, damit ihr ein Segen seid. Fürchtet euch nicht!
Macht eure Hände stark!

Sacharja 8,13

Erlösen
mit starker Hand
erretten
befreien
losschnüren
Knoten öffnen
Stricke zerschneiden
Verstrickungen lösen
freimachen

frei werden
erlöst
gerettet
befreit
Verstrickungen entrissen

frei sein
offen
bereit
ein Segen für andere

Herr, erlöse uns
stärke unsere Hände

Das Abc meiner Hände – oder: Was ich mit meinen Händen tun möchte

Immer wieder ging es in diesem Kapitel um das, was wir mit den Händen tun oder
unterlassen können, Positives und Negatives, große Dinge oder auch nur Kleinig-
keiten. Dabei ist vieles erst bewußtgeworden; zu manchem hat man vielleicht Lust
bekommen oder auch eine Verpflichtung gespürt. Um diese Dinge weiter zu
reflektieren und festzuhalten, gibt es eine spielerische Möglichkeit. Dem Abc
folgend, schreibt man zu jedem Buchstaben etwas auf, was man in der nächsten
Zeit mit seinen Händen tun möchte. Zur Verstärkung des Spielerischen kann
vorgeschlagen werden, auch möglichst viele hübsche originelle Ideen zu suchen
und mit Phantasie Wege zu neuem Tun zu finden.

Was ich mit meinen Händen tun möchte:

Abgeben von etwas, das mir lieb ist.

Blumen ohne besonderen Anlaß verschenken.

C ...

D ...

E ...

F ...

T: Dieter Trautwein, 1966
M: Dieter Trautwein und Gruppe, 1966
Aus: Frankfurter Lieder, 1978

2. Wenn Hände nach Händen greifen,
   verändern wir Menschen die Welt.
   Nur die Angst, die uns plagt und beschleicht,
   fragt noch immer, ob es sich lohnt,
   ob es sich lohnt, daß Menschen für Menschen dienen.

3. Wenn Menschen für Menschen dienen,
   verändern sie gottgleich die Welt.
   Denn der Herr, der nicht herrscht, sondern dient,
   fragte niemals, ob es sich lohnt,
   ob es sich lohnt, den andern die Hand zu reichen.

Lasten tragen

*E*iner trage des anderen Last; so werdet ihr das Gesetz Christi erfüllen.

Galater 6,3

Meditation und Symbolhandlung

Der folgende Vorschlag möchte zur Meditation der eigenen und fremder Lasten und dem Lasten-Tragen anregen. Jeder bekommt eine Skizze von einer Person mit einem riesigen Sack auf dem Rücken (vgl. Abb.).

Vorschlag: Dieser Sack ist zu füllen (mit unterschiedlichen Farbstiften eintragen)

a. *mit eigenen Lasten, die man zu tragen hat,*
b. *mit Lasten, die man anderen auferlegt;*
c. *mit Lasten, die man bei anderen sieht und die man ihnen vielleicht abnehmen könnte.*

Das Ganze läßt sich auch als eine Art Symbolhandlung durchführen, setzt allerdings eine gewisse Offenheit oder Vertrautheit voraus. Die Figur des Lastenträgers wird auf ein riesiges Poster übertragen. Das läßt sich sehr leicht herstellen, indem man die Abbildung auf eine Folie durchpaust, sie anschließend unter einen Tagesprojektor legt, in der gewünschten Größe auf weißes Papier projiziert und nachfährt.

Nun erhält jeder Zettel, schreibt auf sie die Lasten, die ihn bedrücken. Um eine gewisse Anonymität zu wahren, kann man die Zettel in einem Gefäß sammeln und dann gemeinsam in den Sack des Lastenträgers kleben. Man befreit sich gleichsam ein Stück davon, indem man sie ihm übergibt.

Dann sollte man jedoch die gesammelten Lasten, indem man sich um die Figur aufstellt, noch einmal gründlich lesen, meditieren, darüber sprechen. Vielleicht könnte der eine oder andere auch entdecken, daß er beim Tragen einer Last zu helfen bereit und fähig wäre. Er könnte dann symbolisch eine solche Last aus dem Sack herausnehmen. Bei genügender Offenheit könnte sich daraus ein gemeinsames Lastentragen entwickeln, wenn der eine sein Angebot ausspricht, der andere sich zu seiner Last bekennt.

> Glaube nicht
> die Last auf deinen Schultern wird dir zu schwer
> glaube nicht
> du wärst zu schwach, die Last anderer noch mitzutragen
>
> Du wirst dich wundern
> ob deiner Kraft
> du wirst dich wundern
> wie stark du bist trotz deiner Schwäche

Margot Bickel

95

Jakob will sich nicht mehr plagen
und so schwere Sachen tragen.

Doch, von aller Last befreit,
trifft er schon nach kurzer Zeit . . .

. . . noch wen, der nicht tragen kann,
und der ist noch schwächer dran.

Oft entdeckt man seine Stärke
erst bei einem guten Werke.

Lasten tragen

tragen
schleppen
ertragen
einstecken
aushalten
am Rande der Belastbarkeit
unerträglich

getragen
unterstützt
entlastet
aufgehoben
Lasten abgeben
Entlastung spüren
wieder atmen

tragen
unterstützen
entlasten
aufheben
Lasten teilen
Tragfähigkeit lernen
getragen tragen

... auf Adlerflügeln getragen ...

Exodus 19,4

Bild des Adlers

Hinweise zum Aufbau und Gebrauch des Kapitels

Die Assoziationen, die sich auf das Bild des Adlers beziehen, sind in vier Abschnitte eingeteilt:

> Auf Adlerflügeln getragen
> Fliegen lernen
> Flügel wie ein Adler
> Der Adler in mir

Das Bild des Adlers ist nicht sehr alltäglich und verbreitet; auch gewinnt man nicht ganz leicht und unmittelbar einen Zugang zu ihm. Vielleicht hängt es damit zusammen, daß wir heute kaum noch einen in Freiheit lebenden Adler zu Gesicht bekommen. Ich denke aber, die Schwierigkeiten liegen auch darin begründet, daß Karl der Große den Adler zum Sinnbild kaiserlicher Gewalt erkoren hatte und ihn zum deutschen Reichssymbol machte. Damit ist sein Bild eng verknüpft mit staatlicher Macht, Unterdrückung und Abhängigkeit.

Befreit man sich jedoch von diesem Eindruck, ersteht das Bild eines großen mächtigen Vogels. Vögel waren von jeher ein Symbol für Freiheit, Unabhängigkeit und Leichtigkeit. Der Adler als »König der Vögel« versinnbildlicht diese Gefühle in besonders intensiver Weise und verknüpft mit ihnen die Vorstellung von Kraft und ungeheurer Energie.

In der Antike galt der Adler als Götterbote und Symbol der Unsterblichkeit. Auch als Symbol der Macht Gottes wurde der Adler immer wieder verstanden.

Weil das Bild des Adlers so wenig vertraut oder auch sehr unterschiedlich besetzt ist, bietet es sich an – bevor man irgendwelche Texte oder Aussagen behandelt – abzurufen, welche Assoziationen, Vorstellungen oder Gefühle wir mit ihm verbinden. Um das ganz unvoreingenommen zu erforschen, könnte man mit der am Anfang des Kapitels beschriebenen Methode beginnen.

In der Bibel begegnet uns das Bild des Adlers relativ selten. Einige Texte, in denen davon gesprochen wird, daß feindliche Herrscher oder Heere wie Adler als Strafgerichte über Israel herfallen werden, zeigen eine bedrohliche Seite des Adlerbildes. Häufig ist in solchen Texten eine Parallele zu Geiern zu beobachten. Wir lassen diese Stellen hier außer Betracht. Andere Texte drücken die schützende und fürsorgende Macht Gottes im Bild des Adlers aus. »Wie ein Adler sein Gefieder über seine Jungen streckt, also hat auch hin und wieder mich des Höchsten Arm bedeckt...« heißt es in dem Zusammenhang in der zweiten Strophe des bekannten Kirchenliedes »Sollt ich meinem Gott nicht singen...«. Um diese

»adlergleiche« Fürsorge und die damit verbundenen Erfahrungen geht es im ersten Teil dieses Kapitels.

Der Bericht über das Fliegenlernen der jungen Adler gibt Anlaß, über das Erlernen der Selbständigkeit und über Gottes Wege mit uns dabei nachzudenken. Es geht um die Schwierigkeit, die eigenen Kräfte, aber auch das Vertrauen zu üben, mit Mißerfolgen und Wünschen umzugehen, eigene Möglichkeiten zu nutzen, aber auch das eigene Versagen anzuerkennen und Hilfe anzunehmen.

Der dritte Teil geht von den Zusagen aus, die uns Kraft, Jugend und Ausdauer des Adlers verheißen, wenn wir im Vertrauen leben. Vielleicht trauen wir Gott manchmal zu wenig zu, wagen nicht, mit der Kraft des Adlers zu rechnen. Aber ich denke, auch die Identifikation mit den weniger mächtigen Tieren wie Spatz oder Schmetterling (s.u.) kann uns ein Stück dieser zugesagten Freiheit und Unabhängigkeit vermitteln.

Der letzte Teil greift das Bild des Adlers – ausgehend von einer ursprünglich Kindern erzählten Geschichte – in etwas anderer Sicht auf. Sie intendiert den Gedanken, daß in uns allen versteckt ein »Adler« lebt, der, entgegen seiner Bestimmung, im Hühnerhof aufgezogen wird. Jetzt geht es also nicht darum, neue adlergleiche Kräfte geschenkt zu bekommen, sondern »den Adler in uns«, der durch viele Dinge unterdrückt wurde, wieder zu entdecken und zu befreien.

Zum Einstieg

In der Einleitung zu diesem Kapitel wurde auf die starke Fremdheit dieses Bildes hingewiesen und auf die sehr unterschiedlichen Assoziationen, die unter Umständen damit verknüpft sind. Deshalb wäre es vielleicht gut, vor einer Beschäftigung mit dem Adler-Bild zu erkunden, was es bei uns an Vorstellungen und Gefühlen abruft. Bei einem Gespräch oder auch einem Brainstorming werden wir sofort durch Beiträge anderer in bestimmte Richtungen geleitet. Folgende Methode versucht, das zu umgehen, gleichzeitig aber die Auseinandersetzung mit den Gedanken der anderen anzuregen.

Alle Teilnehmer und Teilnehmerinnen erhalten ein Blatt, das etwa folgendermaßen aussieht:

Adler

Was fällt Ihnen spontan zu diesem Stichwort ein (Vorstellungen, Bilder, Gefühle, Worte, Sätze u.ä.)?	Was haben andere genannt, das für mich neu war?

Zunächst wird nur die linke Seite in Stillarbeit ausgefüllt. Sodann wird ein großes Blatt an die Wand gehängt, auf das jeder kurz seine Gedanken notiert (ohne Wiederholungen). Gleichzeitig überträgt jeder die von ihm nicht assoziierten Ideen auf die linke Seite seines eigenen Blattes.

Anschließend kann man in einem Gespräch klären, welche Vorstellungen gemeinsam sind. Dabei ist es interessant zu entdecken, was andere mit dem Bild verbinden, wie ich mit ihren Assoziationen umgehen kann oder wo ich vielleicht eine andere oder auch sehr einseitige Sicht habe.

Abschließen könnte man – im Blick auf die weitere Arbeit – mit der Frage, wie verlockend das Bild des Adlers für uns ist.

Auf Adlerflügeln getragen

Ihr habt gesehen, ... wie ich euch auf Adlerflügeln getragen
und hierher zu mir gebracht habe.

Exodus 19,4

Er beschirmt dich mit seinen Flügeln,
unter seinen Schwingen
findest zu Zuflucht,
Schild und Schutz ist dir seine Treue.

Psalm 91,4

Ukrainische Bauern
hatten einen Wunsch zum neuen Jahr
voll sorglosen Humors,
in dem sie nicht Bäume zum Gleichnis nahmen,
sondern Tiere.

»Gott schicke den Tyrannen Läuse,

den Einsamen Hunde,
den Kindern Schmetterlinge,
den Frauen Nerze,
den Männern Wildschweine,

uns allen aber einen Adler,
der uns auf seinen Fittichen
zu ihm trägt.«

Ich weiß nicht, ob es genügt,
den Tyrannen Läuse zu wünschen,
aber den Adler,
ja, den Adler,
wünsche ich dir.

Jörg Zink

Sei mir gnädig, o Gott, sei mir gnädig;
denn ich flüchte mich zu dir,
Im Schatten deiner Flügel finde ich Zuflucht, bis das Unheil vorübergeht.

Psalm 57,2

Gott
ich bin auf dich
zurückgekommen
als ich sprachlos wurde
gott
ich bin auf dich
zurückgekommen
als sie mir sagten
da ist keine rettung mehr
gott
ich bin auf dich
zurückgefallen
als die düsen
aussetzten
als das triebwerk
aussetzte
als mein herz
aussetzte
als kein gleitflug
mehr möglich war
als kein fallschirm
mehr aufging
als alles aus war
da bin ich
auf dich
zurückgefallen
gott
wohin
sollte ich sonst
fallen
auf dich
oder
ins nichts
denn niemand war da
der mich auffing

Wilhelm Willms

Lobe den Herren, der alles so herrlich regieret,
der dich auf Adelers Fittichen sicher geführet,
der dich erhält,
wie es dir selber gefällt.
Hast du nicht dieses verspüret?

*Der Herr nahm sich sein Volk als Anteil,
Jakob wurde sein Erbland.
Er fand ihn in der Steppe,
in der Wüste, wo wildes Getier heult.
Er hüllte ihn ein, gab auf ihn acht
und hütete ihn wie seinen Augenstern,
wie der Adler, der sein Nest beschützt
und über seinen Jungen schwebt,
der seine Schwingen ausbreitet,
ein Junges ergreift
und es flügelschlagend davonträgt.*

Deuteronomium 32,10+11

»Fliegen« lernen

Wie junge Adler fliegen lernen

Wißt Ihr, wie das zugeht, wenn junge Adler das Fliegen lernen? Leute, die sich im Gebirge Sinai auskennen, haben dies anschaulich geschildert. Der Adlerhorst, das Nest, in dem die Jungen aufgewachsen sind, befindet sich hoch oben auf einer Felsenklippe, über einem tiefen Abgrund. Wenn die Jungen so weit sind, daß sie »flügge« werden sollen, werden sie vom alten Adler aus dem Nest gejagt. Die Jungen piepsen und sträuben sich; sie können ja noch nicht fliegen. Aber der alte Adler läßt nicht locker. Und plötzlich packt er das erste der Jungen mit seinen Krallen, fliegt über den Abgrund und läßt es fallen. Das Junge zappelt mit den Flügeln und versucht zu fliegen; aber es gelingt nicht, und es stürzt, und immer schneller fällt der hilflose kleine Vogel in den Abgrund. Der Zuschauer denkt schon: bald muß es am Boden zerschellen. Plötzlich schießt der alte Adler, der ruhig seine Kreise gezogen hat, steil nach unten, fängt das Kleine im Fallen auf und trägt es wieder nach oben, und das Spiel beginnt von neuem, und langsam lernt der junge Adler, seine Flügel zu gebrauchen; er kann selber fliegen und mit großen Schwüngen die Luft durchschneiden.

Adolf Exeler

Fliegen lernen – schwimmen lernen – gehen lernen – vertrauen lernen

Auf Adlerflügeln getragen
klingt gut
klingt beruhigend
Adlerflügel
Sinnbild für Kraft

Aber ich fühle mich
wie der junge Adler
hinausgeworfen
der Sicherheit des Nestes beraubt
unfähig zu fliegen

Ich falle
falle ins Uferlose
dem Abgrund entgegen
nirgends Halt
nirgends Rettung

Alles rast vorbei
nur schemenhaft Bilder
verzweifeltes Flattern
erfolglos
nur fallen fallen

Und plötzlich gehalten
der Sturz gebremst
emporgetragen
Sicherheit
Hoffnung auf Rettung

Doch vergebliche Freude
wieder abwärts
losgelassen
dem Abgrund entgegen
ausgeliefert

Erneute Versuche
zu fliegen
zu lernen
doch unmöglich
zu schwach noch

Wieder die Rettung
kurz vor dem Ende
aber – noch einmal fallen?
Fallen mit Hoffnung?
Wie oft noch?

Fliegen lernen – unendlich schwer.

schwimmen

erste schritte ins wasser
seicht – einzelne steine –
überraschend die tiefe –
schwimmzüge – hastig
dunkel der grund

zurück zum strand
den boden ertasten
nicht zu früh
angst vor der tiefe

und immer wieder neue versuche –
allmählich wächst sicherheit
wächst freude
freude am wasser
freude am schwimmen

schnell in die flut
ob wellen ob spiegelnde glätte
hinausschwimmen allein
glücklich gelöst
weiter und weiter

ich kann es – ich schaffe es
das wasser trägt mich
es umspielt meinen körper
die wellen heben und senken ihn

muß ich zurück?

lange weiterschwimmen
frei und unabhängig
zu neuen zielen

✳

wer das könnte:
über das wasser gehen
wie petrus
trockenen fußes
durch die flut
durch wasserschluchten
und priele
über wellenberge
und untiefen
staunender wanderer
in den wogen

wer das könnte:
über das wasser gehen
mit abgrundtiefem vertrauen
mit einer hoffnung
die trägt
die hält
die über wasser hält

die angst überwinden
und die zweifel
mit alten
gesetzmäßigkeiten brechen
das nieversuchte wagen:

gehen
wo man nicht gehen kann
leben
wo man nicht leben kann
hoffen wo alles hoffnungslos scheint

wer das könnte
wie petrus
der könnte
über das wasser gehen

Wolfgang Poeplau

Vgl. die Karikatur von Ivan Steiger S. 79

Flügel wie ein Adler

Wer hat schon Flügel

Kopf und Kragen
riskieren
auf und davon
fliegen
über sieben Berge sehen
blaue Blumen
finden
vielleicht
irgendwo
aber

Anne Steinwart

*Unsere Seele ist wie ein Vogel dem Netz des Jägers entkommen;
das Netz ist zerrissen, und wir sind frei.*

Psalm 124,7

Ich war wie ein hilfloser Vogel,
dem Fallensteller ins Netz gegangen,
unfrei, eingefangen,
unfähig, die Flügel auszubreiten.
Überall spürte ich die Fesseln,
die sich enger und enger um mich legten.
Keine Hoffnung, je wieder fliegen zu können.

Gibt es noch einen Weg in die Freiheit?

Du, Herr, bist stark.
Gib mir die Kraft des Adlers,
der das Netz zerreißt.

Noch kann ich mich nicht erheben,
fortfliegen in eine neue Welt.
Aber ich merke, wie die Fesseln sich lockern.
Hier und da löst sich ein Knoten.
Die Stricke, die mich binden, beginnen zu reißen.
Bin ich vielleicht nur zu ängstlich?
Wage ich nicht, an die neue Freiheit zu glauben?
Habe ich nicht den Mut, die Flügel auszubreiten?

Du, Herr, bist stark.
Gib mir die Kraft des Adlers,
der das Netz zerreißt.

Öde breitet sich aus,
weit über alles Land,
in Seele, Leib und Geist,
doch unmerklich
baut sich neues Leben auf.

Jetzt ist die Zeit der Schmerzen und Versehrung,
doch unsere Wunden lecken wir nicht.

Jetzt ist die Zeit ohnmächtigen Zornes,
doch unseren Taten wachsen Flügel.

Wir legen die Hände
nicht in den Schoß.
Wir verbittern nicht.

Wir hören hinaus
über Himmel und Erde
in eine neue Welt.

Wir können standhalten.
Wir haben die größere Zuversicht.

Manfred Fischer

Ich will dem Herrn von ganzem Herzen danken,
den heiligen Gott mit meinem Lied besingen!
Ich will den Herrn mit allen Kräften preisen
und niemals seine Freundlichkeit vergessen!
Durch seine Gaben sorgt er für mein Leben
und schenkt mir neue, jugendliche Kraft,
gleich einem Adler schwinge ich mich auf.

Psalm 103,1,2,5 (Gute Nachricht)

Der deinen Mund fröhlich macht, und du wieder jung wirst wie ein
Adler...

Psalm 103,5 (Luther)

Wieder jung werden wie ein Adler...
neue Kraft bekommen wie er...
sich aufschwingen mit Flügeln...

Versprechen,
Zusagen?

Erfahrungen.

Vielleicht nicht dem Adler gleich,
der höher und höher sich schraubt,
majestätische Runden ziehend,
strotzend vor Kraft.

Vielleicht eher dem Sperling ähnlich,
der flatternd und tschilpend
in den Tag hineinlebt,
fliegt wie er will.

Oder auch wie der Schmetterling,
der aus der Puppe hervorbricht,
die Flügel ausbreitet,
voller Leichtigkeit fliegt.

112

Der Adler in mir

Er gibt dem Müden Kraft,
dem Kraftlosen verleiht er große Stärke.
Die Jungen werden müde und matt,
junge Männer stolpern und stürzen.
Die aber, die dem Herrn vertrauen,
schöpfen neue Kraft,
sie bekommen Flügel wie Adler.
Sie laufen und werden nicht müde,
sie gehen und werden nicht matt.

Jesaja 40,29-31

Der Adler

Ein Mann ging in einen Wald, um nach einem Vogel zu suchen, den er mit nach Hause nehmen konnte. Er fing einen jungen Adler, brachte ihn heim und steckte ihn in den Hühnerhof zu den Hennen, Enten und Truthühnern. Und er gab ihm Hühnerfutter zu fressen, obwohl er ein Adler war, der König der Vögel.

Nach fünf Jahren erhielt der Mann den Besuch eines naturkundigen Mannes. Und als sie miteinander durch den Garten gingen, sagte er: »Dieser Vogel dort ist kein Huhn, er ist ein Adler.«

»Ja«, sagte der Mann, »das stimmt. Aber ich habe ihn zu einem Huhn erzogen. Er ist jetzt kein Adler mehr, sondern ein Huhn, auch wenn seine Flügel drei Meter breit sind.«

»Nein«, sagte der andere, »er ist immer noch ein Adler, denn er hat das Herz eines Adlers, und das wird ihn hoch hinauffliegen lassen in die Lüfte.«

»Nein, nein«, sagte der Mann, »er ist jetzt ein richtiges Huhn und wird niemals fliegen.«

Darauf beschlossen sie, eine Probe zu machen.

Der naturkundige Mann nahm den Adler, hob ihn in die Höhe und sagte beschwörend: »Der du ein Adler bist, der du dem Himmel gehörst und nicht dieser Erde: breite deine Schwingen aus und fliege!«

Der Adler saß auf der hochgereckten Faust und blickte um sich. Hinter sich sah er die Hühner nach ihren Körnern picken, und er sprang zu ihnen hinunter.

Der Mann sagte: »Ich habe dir gesagt, er ist ein Huhn.«

»Nein«, sagte der andere, »er ist ein Adler. Ich versuche es morgen noch einmal.«

Am anderen Tag stieg er mit dem Adler auf das Dach des Hauses, hob ihn empor und sagte: »Adler, der du ein Adler bist, breite deine Schwingen aus und fliege!«

Aber als der Adler wieder die scharrenden Hühner im Hofe erblickte, sprang er abermals zu ihnen hinunter und scharrte mit ihnen.

Da sagte der Mann wieder: »Ich habe dir gesagt, er ist ein Huhn.«

»Nein«, sagte der andere, »er ist ein Adler, und er hat noch immer das Herz eines Adlers. Laß es uns noch ein einziges Mal versuchen; morgen werde ich ihn fliegen lassen.«

Am nächsten Morgen erhob er sich früh, nahm den Adler und brachte ihn hinaus aus der Stadt, weit weg von den Häusern an den Fuß eines hohen Berges.

Die Sonne stieg gerade auf, sie vergoldete den Gipfel des Berges, jede Zinne erstrahlte in der Freude eines wundervollen Morgens.

Er hob den Adler und sagte zu ihm: »Adler, du bist ein Adler. Du gehörst dem Himmel und nicht dieser Erde. Breite deine Schwingen aus und fliege!«

Der Adler blickte umher, zitterte, als erfüllte ihn neues Leben – aber er flog nicht.

Da ließ ihn der naturkundige Mann direkt in die Sonne schauen.

Und plötzlich breitete er seine gewaltigen Flügel aus, erhob sich mit dem Schrei eines Adlers, flog höher und kehrte nie wieder zurück.

Er war ein Adler, obwohl er wie ein Huhn aufgezogen und gezähmt worden war.

James Aggrey

Erwägungen zum Text

Die Erzählung vom Adler ist eine Einladung zur Identifikation. Viele Züge der Geschichte lassen sich sehr unmittelbar auf unser Leben übertragen. Man sollte sich allerdings hüten, die Bilder in allen Einzelheiten in Parallelen pressen zu wollen.

1. In der Geschichte wird sehr kurz und lakonisch davon gesprochen, daß der Mann den Adler in den Hühnerhof steckt und ihm Hühnerfutter zu fressen gibt. Nach fünf Jahren hat der Adler sich so daran gewöhnt, daß er ganz selbstverständlich zu den Hühnern hüpft, mit ihnen pickt und scharrt.

So einfach ist die Geschichte sicher nicht abgelaufen. Der Adler muß doch ab und zu seine Andersartigkeit bemerkt haben, muß mit seinen großen Flügeln »angeeckt« sein, evtl. sogar Flugversuche unternommen haben.

Malen Sie sich solche Situationen auf dem Hühnerhof aus (bildhaft oder mit Worten). Wann spürt der Adler beispielsweise seine Fremdheit? Wo fühlt er sich vielleicht eingeengt? Wie reagieren die Hühner und Enten? Was empfindet er bei ihrem Verhalten? Wie kommt er dazu, sich total anzupassen? Welche Bedeutung kommt dabei wohl dem Hühnerfutter zu, den guten Körnern, die man ihm vorwirft? Weiß er überhaupt noch von seinem Adlersein?

Sicher fällt es nicht schwer, Erfahrungen des Adlers mit dem eigenen Erleben in Beziehung zu bringen.

Wo haben wir ähnliche Mechanismen kennengelernt?

Wo sind wir domestiziert worden? Wer war daran beteiligt (Gruppen, Personen, Normen)?

Waren wir vielleicht sehr bereit, uns anzupassen, uns zähmen zu lassen?

Sind wir gerne gehüpft, statt zu fliegen?

Oder hat man uns gar die Flügel gestutzt?

Waren wir zufrieden mit den kleinen bequem hingestreuten Körnern?

Wußten, ahnten oder fürchteten wir, daß es schwieriger ist, mit dem freien Adler in uns unser Leben im Alltag zu leben?

2. Der Hauptteil der Geschichte richtet sein Augenmerk auf die Befreiung des Adlers. Vor allem muß er erst einmal entdecken, daß er in einer ihm nicht angepaßten Art lebt. Er muß merken, daß er viel mehr Möglichkeiten hat; denn die großen Flügel sind ja da. Er kann mehr und anderes, als man von ihm bisher erwartet. Dazu braucht er Hilfe und schließlich großen Mut, um wirklich loszufliegen.

Gibt es oder gab es in unserem Leben Situationen, in denen wir meinten, ganz anders reagieren zu müssen?

Haben wir manchmal Lust, andere Prioritäten zu setzen, uns nicht dem, was von uns erwartet wird, anzupassen?

Merken wir, daß wir in unserem Alltag Möglichkeiten zu Freude, Kreativität und Freiheit finden können?

Vielleicht müssen wir auch erst darauf hingewiesen werden? Wer oder was könnte der »naturkundige Mann« sein, der den Adler in uns entdeckt und uns zu seiner Befreiung verlocken will? Oder sehen wir immer nur solche, die uns die Körner streuen und mit den Körnern Sand in die Augen?

Vertauschen wir unter Umständen einen Hühnerhof mit dem anderen?

Vielleicht sehen wir aber auch ein Stück der Freiheit und entdecken die Größe unserer Flügel. Wir ahnen etwas von unserer Möglichkeit, den Adler in uns zu befreien. Aber die Angst läßt uns – wie den Adler – erzittern. Haben wir vielleicht nur zu wenig Mut, unsere innere Freiheit zu leben? Setzen wir uns selbst unter Druck?

3. Der Adler unserer Erzählung wagt schließlich, seine Schwingen auszubreiten und aufzufliegen. Als er den Blick vom Hühnerhof löst, nicht nur die scharrenden Hühner und Enten anstarrt, sieht er die Berge, die Weite und schließlich die Sonne, die ihm den nötigen Mut und die Kraft verleihen.

Hier könnte man die Geschichte ebenfalls – wie im Anfang – noch etwas ausmalen. Der Adler breitet also seine Flügel aus. Er wird sich ihrer Größe und Kraft bewußt und macht die Erfahrung, daß sie ihn tragen. Aber er darf auch nicht nachlassen, sondern schraubt sich in großen Kreisen immer weiter hinauf. Der Hühnerhof unter ihm wird kleiner und kleiner. Fliegen heißt, Abstand und Weitsicht zu gewinnen. Schließlich sehen wir vor uns das Bild des Adlers, der schwerelos zu gleiten scheint, getragen von den weit ausgebreiteten Schwingen.

Auch diese Bilder können wir auf unsere Erfahrungen zu übertragen versuchen. Wir können uns fragen, von welchem Picken nach Körnern der Anerkennug oder der Anpassung wollen wir Abstand gewinnen? Wie können wir mehr Überblick und Weitsicht bekommen? Was an Kleinkariertem sollten wir hinter uns lassen? Welches sind die Hühner, deren Gegacker wir weniger Bedeutung beimessen wollen?

Sprachen wir im vorigen Teil von der Bitte um die Kraft des Adlers, so können wir sie hier erweitern: Wir brauchen die Fähigkeit, den Adler in uns zu entdecken, den Mut, zu ihm zu stehen und ihn zu befreien und schließlich die Kraft zum Fliegen.

Gott
ich will nicht mehr besser sein müssen
schneller
gewitzter
ausgefuchster

ich will aus diesem Rennen gegen mich selbst
aussteigen.

Ich bete um Mut.

Ulla Kamps-Blass

Aufgaben im Zusammenhang mit dem Text

Die Auseinandersetzung mit dem Text könnte in ganz unterschiedlicher Form verlaufen:

1. Nachgestaltung des Gesamttextes

a. malerisch als einzelne oder Kleingruppe;
   (Dabei ist nicht an eine künstlerische Bildgeschichte gedacht, sondern an eine Verlaufzeichnung in Art einer Strichzeichnung oder eines Comics.)

b. pantomimisch;

c. als Verklanglichung, z.B. Kombination von Text und Orff-Orchester.

Bei allen Gestaltungen wäre das Gespräch über das, was man malt oder darstellt, sehr wichtig, gleichzeitig immer die Beziehung zu eigenen Erfahrungen.

2. Gestaltung als Beziehung auf die eigene Situation

Wir gestalten malerisch (beliebige Technik) das Bild der Geschichte, mit dem wir uns in unserer eigenen Situation im Augenblick identifizieren können.
Möglichkeit, aber nicht Verpflichtung zum anschließenden Gespräch.

3. Gespräch in Kleingruppen und/oder im Plenum

Die Erwägungen zum Text (s.o.) werden zum Ausgangspunkt eines Gesprächs in der/den Gruppe/n genommen.
Es ist auch gut möglich, sich nur auf einen Aspekt zu beschränken; z.B.: Wo liegen die Hauptgründe für unsere Domestizierung? oder: Wo könnten wir anfangen, den Adler in uns zum Fliegen zu verlocken?

4. Einzel-Meditation

Dazu erhalten alle Teilnehmerinnen und Teilnehmer ein Blatt mit Fragen aus den oben abgedruckten Erwägungen zum ganzen Text oder zu Teilaspekten.

117

Symbolvisualisierung

Die Symbolvisualisierung versucht, die positiven Vorstellungen und Gefühle, die mit dem Bild verbunden sind, abzurufen, sich in sie zu versenken und sich – wenn möglich – mit dem Symbol zu identifizieren. Dadurch werden die Kräfte des Symbols frei, und ich kann an ihnen partizipieren.

Der Text wird sehr langsam und mit Pausen gelesen.

Ich stelle mir einen Adler vor.
Er ist braun und hat einen goldbraunen Kopf. An seinem Kopf sehe ich den Hakenschnabel und die scharfblickenden Augen.
Vor allem erkenne ich seine mächtigen Flügel, die an den Enden breit gefächert sind.
Jetzt breitet er seine Schwingen aus und erhebt sich mit kräftigen Flügelschlägen vom Boden. In weiten Kreisen schraubt er sich höher und höher hinauf in den Himmel.
Ich stelle mir vor, daß ich selbst dieser Adler bin.
Ich habe Flügel. Zunächst noch zaghaft breite ich sie aus. Aber ich merke, ich kann fliegen.
Ich steige immer höher hinauf. Alles unter mir wird kleiner und unbedeutender, ich kann viel mehr überblicken. Ich bekomme Abstand.
Nun konzentriere ich mich aufs Fliegen. Fast erscheint mir der Himmel näher als die Erde.
Meine Flügel tragen mich hoch hinauf.
Ich genieße die Freiheit und die Weite. Jetzt kann ich mich ohne Anstrengung von der Luftströmung tragen lassen. Ich gleite wie schwerelos dahin.
Unendliche Freude erfüllt mich, und ich koste sie aus.
Nach einiger Zeit kreise ich langsam zur Erde zurück.
Alles unter mir wird wieder deutlicher sichtbar, bekommt Konturen. Ich bremse den Flug und komme auf den Boden zurück. Die Erde hat mich wieder. Aber ich weiß, daß ich fliegen kann.

Wie kann ich spielen im fremden Land?

Wie kann ich spielen im fremden Land?
    Abspringen ins Unvertraute?
    die Sicherungen lösen
    und die Hände öffnen?

Wohin fallen die Töne meines Liedes?
    Wer fängt mein Lachen auf?
    Ist alles offen
    und kein Gegenüber?

Spielen ohne Sicherung,
    Singen ins Offene
    und lachen,
    weil die Hoffnung wächst.

Ruth Nickel

... ich sehe Menschen wie Bäume ...

Markus 8,23

Bild des Baumes

Hinweise zum Aufbau und Gebrauch des Kapitels

»Menschen wie Bäume«, diese Worte aus einer neutestamentlichen Heilungsge-schichte geben das Leitmotiv für den Abschnitt über das Bild des Baumes. Er gliedert sich in folgende Teile:

Baum-Erfahrungen – Menschen-Erfahrungen
Baum-Geschichten – Menschen-Geschichten
Baum-Wünsche – Menschen-Wünsche

Der Baum ist ein sehr altes Symbol für menschliches Leben. In allen Kulturen und Religionen taucht es auf, und es ließe sich viel darüber schreiben. Doch hier geht es um die eigenen Beziehungen zu diesem Bild. Ich denke, daß wir uns mit unserem Leben und unseren Erfahrungen ganz stark mit Bäumen identifizieren können. Vielleicht wird etwas von dieser Verknüpfung deutlich in der früher häufigen Sitte, bei der Geburt eines Kindes einen Baum zu pflanzen, so daß beide gemeinsam aufwachsen. Dieses enge Miteinander ist selten geworden, aber die meisten Men-schen spüren auch heute noch eine starke Affinität zu Bäumen und ihren Lebens-vollzügen. Und es gibt sicher nur wenige, die Bilder vom Sterben der umweltgeschädigten Bäume unberührt lassen.

Ich finde also meine eigenen Erfahrungen im Bild des Baumes wieder, die guten wie die schlechten, die Hoffnungen und Gefahren, die Verletzungen und Verän-derungen.

Auch in der Bibel begegnet uns häufig der Baum. Der grünende, fruchttragende Baum steht dabei für geglücktes Leben, für ein Leben im Sinne Gottes. Es wird aber auch sehr ernst davon geredet, daß Bäume abgeschlagen werden, wenn sie keine Frucht bringen.

Wenn ich mir meine eigenen Erfahrungen mit dem Baum-Bild bewußtmache, treten sie mit den biblischen Worten in eine Wechselbeziehung. Ich kann sie besser lesen und verstehen, mich von ihnen trösten oder treffen lassen.

Dieses Kapitel versucht in verschiedenen Durchgängen oder Ringen, das Bild mit dem eigenen Leben zu konfrontieren, zu verbinden und diesen Wechselwirkungen nachzuspüren.

Zunächst werden ganz allgemein Parallelen gezogen, Erfahrungen angesprochen. Dazu gehört eine intensive Beobachtung ebenso wie eine vertiefende Meditation und bewußte Übertragung.

Der zweite Kreis »Baum-Geschichten – Menschen-Geschichten« versucht, nicht allgemein den Baum als Symbol zu erfassen, sondern er geht aus von der Unterschiedlichkeit der Bäume und ihrer Lebensgeschichte. Hier versetzen wir uns gleichsam in einen bestimmten Baum, und indem wir uns mit ihm identifizieren, versuchen wir, seine – unsere – Lebensgeschichte zu meditieren und besser zu verstehen. Vielleicht erhalten wir auch Anregungen und Ermunterung, bewußter zu erleben oder zu verändern.

Die abgedruckten »Baum-Geschichten« wollen bei dieser Auseinandersetzung helfen. Sie wollen vor allem aber auch dazu ermuntern, eigene »Baumgeschichten« zu schreiben. Indem wir – und das können auch schon Kinder (s. S. 134 f.) – nicht nur über den Baum nachdenken, sondern wenn wir aus seiner Sicht denken und reden, können wir auch über uns selber etwas erfahren und intensiv ins Bewußtsein heben.

Der Teil »Baum-Wünsche« ist aus der Erfahrung entstanden, daß wir nicht immer so wachsen, so wurzeln, uns so entfalten, so Frucht tragen, wie das Bild vom grünenden und gedeihenden Baum es uns nahelegt und wie wir es uns wünschen. Diese Wünsche können wir vielleicht besser erkennen und aussprechen im Bild des Baumes. Wir können sie singen im selbsterdachten Lied, wir können sie festhalten beim Belauben unseres Wunschbaumes.

Gleichzeitig will alles Nachdenken und spielerischer Umgang mit dem Baumbild uns helfen, die Zusagen und Hoffnungen der Bibel, die mit ihm verbunden sind, besser zu adaptieren und aus der Meditation dieses Symbols Kraft zu schöpfen.

Baum-Erfahrungen – Menschen-Erfahrungen

Der Gerechte gedeiht wie die Palme,
er wächst wie die Zedern des Libanon.
Gepflanzt im Hause des Herrn,
gedeihen sie in den Vorhöfen unseres Gottes.
Sie tragen Frucht noch im Alter
und bleiben voll Saft und Frische;
sie verkünden: Gerecht ist der Herr;
mein Fels ist er, an ihm ist kein Unrecht. Psalm 92,13-16

Wohl dem Mann, der nicht dem Rat der Frevler folgt,
nicht auf dem Weg der Sünder geht,
nicht im Kreis der Spötter sitzt,
sondern Freude hat an der Weisung des Herrn,
über seine Weisung nachsinnt bei Tag und bei Nacht.
Er ist wie ein Baum,
der an Wasserbächen gepflanzt ist,
der zur rechten Zeit seine Frucht bringt
und dessen Blätter nicht welken.
Alles, was er tut,
wird ihm gut gelingen.
Nicht so die Frevler:
Sie sind wie Spreu, die der Wind verweht.
Darum werden die Frevler im Gericht nicht bestehen,
noch die Sünder in der Gemeinde der Gerechten.
Denn der Herr kennt den Weg der Gerechten,
der Weg der Frevler aber führt in den Abgrund.

Psalm 1

Sein wie ein Baum
gepflanzt am Wasser,
grünen und blühen,
Früchte tragen,
nicht welken.

Wer möchte das nicht?

Herr, schenke es mir!

Aber gehöre ich zu denen,
denen du es zugesagt hast?

Habe ich Freude an deinem Wort?
Begleitet es mich durch Tag und Nacht?
Gehe ich meinen Weg nicht oft ohne dich?
Sitze ich nicht zwischen Spöttern und Frevlern?

Du kennst meinen Weg.
Laß ihn nicht in den Abgrund führen.

Laß mich nicht wie Spreu verwehen,
sondern mach mich zu einem Baum
gepflanzt am Wasser.

Bäume

Ihr, ja ihr.
Ruhig auf der dunklen
Erde fußend,

Doch verwundbar
wie wir,

die wir uns vorwärts-
kämpfen müssen.

Nützlich oder
einfach schön

und immer etwas
Neues bedeutend.

So wachsen

In die Höhe
in die Tiefe

und mit
ausgebreiteten Armen

Heinz Piontek

Bäume betrachten – Bäume beschreiben – Bäume meditieren
Auseinandersetzung mit Bäumen in drei Schritten

1. Schritt: Bäume betrachten

Man nehme sich Zeit, im Wald, im Garten, Park oder Feld Bäume genau anzuschauen, ihre Teile zu entdecken, ihre Formen mit den Augen nachzuzeichnen, ihre
Farben zu vergleichen, Blätter und Stamm anzufühlen. Wir wollen sensibel werden
für die Fülle von Formen, Strukturen, Farben und Oberflächen.

2. Schritt: Bäume beschreiben

Wir versuchen zu beschreiben, was wir gesehen haben. Wie können die einzelnen
Teile der Bäume aussehen?

Die Wurzeln sind ...   *(Wie können sie sein? Welche Aufgabe haben sie?)*

Der Stamm ...   *(Wie kann er sein? Wie fühlt er sich an? – Größe,
Festigkeit, Jahresringe, Rinde, Narben – Welche
Aufgaben hat er?)*

Die Äste und Zweige ...   *(Wie sind sie gestaltet? Wie stehen sie im Raum?
Wohin breiten sie sich aus?)*

Die Blätter oder Nadeln ...   *(Welche Vielfalt an Formen, Farben, Strukturen,
Oberflächen gibt es? Was nehmen die Blätter auf?)*

Die Blüten ...   *(Viele Blüten, Farben, Formen, Düfte. Welche fallen
mir ein? Wozu sind sie da?)*

Die Früchte …   *(Wie können Baumfrüchte sein? Wie fühlen sie sich an? Wie schmecken sie? Wozu dienen sie?)*

Vielleicht haben wir auch Bewohner auf den Bäumen entdeckt.

Die Bewohner …   *(Wem bietet der Baum Wohnrecht? Mit wem teilt er sein Dasein?)*

Auch Bedrohungen sind die Bäume ausgesetzt.

Die Bedrohungen …   *(Welche Bedrohungen gibt es für Bäume? Wer hilft, sie zu bestehen?)*

3. Schritt: Bäume meditieren

Wo kann ich den Bäumen gleichen?
Wo habe ich meine Wurzeln?
Was verleiht mir Festigkeit?
Kann ich mich ausbreiten?
Kann ich meine Möglichkeiten und Fähigkeiten entfalten?
Kann ich blühen zu meiner eigenen Freude und zur Freude anderer?
Trage ich Früchte?
Wem schenke ich sie?
Wem gebe ich Raum, Zeit, Zuwendung?
Wo finde ich Hilfe bei Bedrohungen?

Ein Spiel mit Kindern – aber auch für Erwachsene: Einem Baum begegnen

Dies ist ein Spiel in Paaren. Verbinde die Augen deines Partners, und führe ihn durch den Wald zu irgendeinem Baum, der dich anzieht. (Wie weit, hängt vom Alter deines Partners ab und seiner Fähigkeit, sich zu orientieren. Außer für ganz Kleine, ist eine Entfernung von zwanzig bis dreißig Metern nicht zu weit).
Hilf dem »blinden« Kind, seinen Baum kennenzulernen. Das geht am besten mit konkreten Vorschlägen. Zum Beispiel werden die Kinder auf die Aufforderung, den Baum zu erforschen, nicht mit solchem Interesse reagieren, als wenn du sagst, »Reibe deine Backe an der Rinde« oder sie fragst, »Lebt der Baum noch? … Kannst

du ihn mit deinen Armen umfassen? ... Ist der Baum älter als du? ... Kannst du Pflanzen finden, die auf ihm wachsen? ... Spuren von Tieren? ... Flechten? ... Insekten?«

Wenn dein Partner mit dem Baum gründlich Bekanntschaft gemacht hat, führe ihn zum Ausgangspunkt zurück, aber auf einem anderen Weg. (Du kannst dir einen Spaß daraus machen, ihn über imaginäre Baumstämme steigen zu lassen und durch ein Dickicht zu führen, das ihr leicht hättet umgehen können). Nun nimm die Augenbinde ab, und laß das Kind seinen Baum wiederfinden. Auf der Suche nach seinem Baum wird plötzlich das, was vorher Wald war, eine Gruppe von höchst individuellen Bäumen.

Hingehaltene Hoffnung macht das Herz krank,
erfülltes Verlangen ist ein Lebensbaum.

Eine sanfte Zunge ist ein Lebensbaum,
eine falsche Zunge bricht das Herz.

Sprichwörter 13,12 und 15,4

Sensible Wege

Sensibel
ist die erde über den quellen: kein baum darf
gefällt, keine wurzel
gerodet werden

Die quellen könnten
versiegen

Wie viele bäume werden
gefällt, wie viele wurzeln
gerodet

in uns

Reiner Kunze

Körperübung »Baum«

Ich stehe fest auf dem Boden.
Ich verteile das Gewicht gleichmäßig auf beide Füße
und schließe die Augen.
Ich lenke mein Bewußtsein in die Fußsohlen.
Ich spüre den Kontakt zwischen meinen Füßen und dem Boden.
Ich konzentriere mich ganz auf meine Füße.
Ich stehe immer fester.

Ich schlage Wurzeln.
Meine Wurzeln wachsen tiefer und tiefer in den Boden.
Sie breiten sich nach allen Seiten aus.
Sie verankern mich,
sie geben mir Halt.

Durch meine Wurzeln strömt Kraft,
Kraft und Energie aus der Tiefe des Bodens.
Ich spüre das Strömen,
es steigt aufwärts in meinem Körper.
Es richtet mich auf,
macht mich stark.
Ich bin ein kräftiger Stamm.

Ich wippe leicht hin und her.
Mein Stamm ist fest und biegsam zugleich.
Ich komme nicht aus dem Gleichgewicht.

Nun recke ich mich hoch,
dem Himmel, der Sonne entgegen.
Mein Brustkorb weitet sich.
Ich atme tief.
Mein Gesicht richtet sich nach oben.

Der Stamm beginnt, sich zu teilen
in Äste und Zweige.
Ein leichter Wind streicht durchs Geäst.
Ich bewege meine Arme sanft hin und her,
dann etwas stärker.

Langsam kommen sie wieder zur Ruhe.
Ich spüre den Bewegungen eine Weile nach.

Und weiter wachse ich und entfalte mich.
Ich hebe die Arme.
Ich nehme sie weit auseinander,
erfasse den Raum.
Gleichzeitig öffne ich mich
für das Licht und die Wärme des Himmels.
Sie strömen in mich ein,
sie machen mich weit und hell.
Sie erreichen jede Faser meines Körpers.
Ich spüre die Energien.

Halt und Sicherheit kommen aus den Wurzeln,
Kraft und Ausdauer geben sie mir.

Von oben, durch die Blätter,
strömen Mut, Freude und Begeisterung in mich ein.
Ich fühle, wie ich lebe –
als Baum – als Mensch.

Langsam lasse ich die Arme sinken.
Noch spüre ich das pulsierende Leben in ihnen.
Ich öffne die Augen,
ich sehe meine Umgebung.
Aber ich weiß von der Kraft meiner Wurzeln,
von dem Licht des Himmels.

In der Wüste pflanze ich Zedern,
Akazien, Ölbäume und Myrthen.
In der Steppe setze ich Zypressen,
Platanen und auch Eschen.
Dann werden alle sehen und erkennen,
begreifen und verstehen,
daß die Hand des Herrn das alles gemacht hat,
daß der Heilige Israels es erschaffen hat.

Jesaja 41,19+20

Vielfalt entdecken – Kreative Übung

Bäume können uns immer wieder zum Staunen bringen durch ihre Vielfalt an Farben und Formen. Gerade im Frühling, wenn die Blätter sich entfalten, zeigen sie sich in einer besonderen Farbigkeit, einer Symphonie von Grün.

Wir wollen ein Blatt füllen mit den unterschiedlichsten Grüntönen. Wir benutzen dazu am besten Aquarellfarben und gestalten ganz frei. Wir mischen mit verschiedenen Farben alle erdenklichen Nuancen, um die Vielfalt der Möglichkeiten zu entdecken, zu erproben, zu bewundern. Wir gewinnen Spaß an der Farbigkeit und am Facettenreichtum. Wir beachten die Farbwirkung der einzelnen Töne: warme, kühle, frohe, triste usw. Wir entdecken, wie sie sich gegenseitig abschwächen, intensivieren oder ihre Wirkung verändern.

In dem bunten Farbklang können wir ein Sinnbild sehen für die Vielfalt auch unserer Anlagen und Entfaltungsmöglichkeiten, die wir oft nur zu einem Bruchteil ausschöpfen. Wir wollen durch sie Mut gewinnen, den eigenen Ton oder unsere Töne zu suchen und zu finden.

Alternative:

Manchmal gibt es eine große Scheu, ganz frei mit Farben zu gestalten. Als alternative Möglichkeit bietet es sich an, verschiedene (stilisierte) Blattformen zu schneiden, in den unterschiedlichen Grüntönen auszumalen und einen Baum damit zu gestalten.

Blätter entfalten

Für jeden Teilnehmer an dieser Übung wird ein Blatt geschnitten und ziehharmonikaartig gefaltet (s. Abb. S. 133). In die einzelnen Sequenzen sind vorher unterschiedliche Fähigkeiten, Möglichkeiten u.ä. geschrieben worden. Außerdem erhält jeder ein identisches leeres Blatt.

Nun beginnt einer in der Runde, sein beschriebenes Blatt zu entfalten und vorzulesen, was auf dem ersten Stück steht. Man kann die Worte entweder still im Raum stehenlassen, während sich jeder selbst befragt, wie es mit dieser Fähigkeit in seinem Leben steht, ob sie bei ihm entfaltet ist oder ob er hier ein Defizit empfindet, das der Entfaltung bedarf.

Eine andere Möglichkeit wäre es, zunächst in der Gruppe darüber zu reden, was man über das Vorgelesene denkt, wie man es sich vorstellt, welche Erfahrungen man vielleicht schon damit gemacht hat oder welche Hilfestellungen man eventuell geben könnte. Erst danach stellt man sich die Fragen nach der Bedeutung im eigenen Leben.

131

Wer meint, daß diese Fähigkeit oder Möglichkeit für ihn neu zu entdecken, zu probieren, zu »entfalten« wäre, schreibt die Worte auf sein leeres Blatt und beginnt, es zusammenzufalten.

In der gleichen Art können allmählich alle Blätter entfaltet und die enthaltenen Worte meditiert werden. Die leeren Blätter füllen sich dabei verschieden schnell und mit unterschiedlichen Worten.

Schließlich sind sie ganz gefaltet.

Wir entfalten sie wieder, lesen, wo wir Defizite empfunden haben und denken darüber nach.

Abschließend kann jede/r mit ein paar Worten über einen seiner Entfaltungswünsche sprechen, kann diese aber auch unausgesprochen lassen. Die eigenen Blätter werden mit heimgenommen und können immer wieder als Anstoß zum Nachdenken und zur Entfaltung dienen.

Einige Vorschläge für Worte auf den Blättern:

— Ich kann mich über kleine Dinge freuen.
— Ich kann anderen gut zuhören.
— Ich kann gut trösten.
— Ich habe offene Augen für die Schönheiten der Natur.
— Ich kann gut kochen.
— Ich kann mich gut in andere einfühlen.
— Ich schreibe gern Briefe.
— Ich mag gern mit Farben gestalten.
— Ich komme gut mit Menschen ins Gespräch.
— Ich kann eigene Gefühle und Einstellungen zeigen.
— Ich kann gut Ideen entwickeln.
— Ich kann mich anpassen.
— Ich kann auf andere zugehen.
— Ich kann mit Worten spielen, kleine Texte schreiben.
— Ich kann über meine Erfahrungen sprechen.
— Ich kann die Vielfalt der Gerüche um mich wahrnehmen.
— Ich kann Kritik annehmen.
— Ich habe viel Fantasie.
— Ich kann Zuneigung zeigen.
— Ich habe keine Scheu, meine Meinung zu sagen.
— Ich habe Freude an der Pflege von Blumen.
— Ich denke öfter darüber nach, wie ich jemand eine Freude machen kann.

Ich

Kann

gut zuhören

habe offene Augen

für die Schönheit der Natur

mag sehr gerne

mit Farben gestalten

schreibe gerne

Briefe

Baum-Geschichten – Menschen-Geschichten

Er erzählte ihnen ein weiteres Gleichnis und sagte: Mit dem Himmel-
reich ist es wie mit einem Senfkorn, das ein Mann auf seinen Acker säte.
Es ist das kleinste von allen Samenkörnern; sobald es aber hochgewach-
sen ist, ist es größer als die anderen Gewächse und wird zu einem Baum,
so daß die Vögel des Himmels kommen und in seinen Zweigen nisten.

Matthäus 13,31-32

Und er erzählte ihnen dieses Gleichnis: Ein Mann hatte in seinem Wein-
berg einen Feigenbaum; und als er kam und nachsah, ob er Früchte
trug, fand er keine. Da sagte er zu seinem Weingärtner: Jetzt komme ich
schon drei Jahre und sehe nach, ob dieser Feigenbaum Früchte trägt,
und finde nichts. Hau ihn um! Was soll er weiter dem Boden seine Kraft
nehmen? Der Weingärtner erwiderte: Herr, laß ihn dieses Jahr noch stehen; ich will den Boden um ihn herum aufgraben und düngen. Vielleicht
trägt er doch noch Früchte; wenn nicht, dann laß ihn umhauen.

Lukas 13,6-9

Eine weitere biblische Baum-Geschichte kann man beim Propheten Ezechiel
finden: Ez 31,1-11

Ich stehe auf einem einsamen Hügel,
und neben mir fließt ein kleiner Bach.
Mit meinen Wurzeln
sauge ich das frische Wasser auf.
Es schießt bis in die Spitzen
und gibt mir neue Kraft
für frische, grüne Blätter,
und das ist schön.
Die Menschen kommen,
und sie pflücken meine Äpfel
und freuen sich an mir,
und das ist schön.

Die Vögel sitzen in meinen Zweigen,
sie singen mir die schönsten Lieder vor,
nur für mich,
und das ist schön.

Kindergedicht

Baum im Gebirge

Oben am Berghang
der Baum im Gebirge,

fest gegründet,
den Stürmen trotzend,
von der Sonne beschienen,
blickt er ruhig ins Tal.

Doch Regen und Unwetter
spülen Boden hinweg,
untergraben den Abhang.

Erde, Geröll,
Steine und Pflanzen,
eine riesige Lawine,
stürzt hinunter ins Tal.

Und der Baum?

Den Boden verloren,
die Wurzeln zerrissen,
verzweifelte Stümpfe,
krallende Finger
ragen starr in die Luft.

Nur an einer Stelle noch Halt.
So neigt er sich langsam zu Tal.
Wie lange noch?
Wann wird er stürzen?

Doch das Wunder geschieht.

Wo nur rauhes Gestein,
kein nährender Boden,
kein bewährtes Gelände,
finden die Wurzeln
hier einen Vorsprung,
dort einen Riß,
eine Fuge zwischen den Steinen,
ein wenig herangewehte Erde,
hilfreiches Geflecht.

Und was zu verdorren
oder zu stürzen schien,
kann wieder wachsen und grünen.

Oben am Abhang
der Baum im Gebirge,
knorrige Wurzeln,
eine Biegung im Stamm,
aber wieder aufrecht,
der Sonne entgegen.

So wächst und blüht er,
leuchtet weithin ins Tal.

Im Traum lachte ich über den Unsinn:
Ein Baum tat, was er konnte,
um sich in sich selber einzuwurzeln.
Als ich erwachte, sah ich,
daß es diesen Baum gab:
ich selber war's.

Dom Helder Camara

Der hochwald erzieht seine bäume

Sie des lichtes entwöhnend, zwingt er sie,
all ihr grün in die kronen zu schicken
Die fähigkeit,
mit allen zweigen zu atmen,
das talent,
äste zu haben nur so aus freude,
verkümmern

Den regen siebt er, vorbeugend
der leidenschaft des durstes

Er läßt die bäume größer werden
wipfel an wipfel:
Keiner sieht mehr als der andere,
dem wind sagen alle das gleiche

Reiner Kunze

Platanen in der Stadt

Gepflanzt zur Verschönerung,
zur Freude der Menschen,
Farbflecke im Stadtbild,
Leben neben toten Steinen.

Doch –

Wurzeln eingekeilt zwischen Steinen,
wenig Raum, sich zu strecken,
zubetoniert, immer neu,
wo die Wurzeln den Asphalt sprengen.

Auch in der Höhe
kein ungehindertes Wachstum.
Entfaltung – nicht gestattet.
Raum gewinnen – nicht erwünscht.

Jedes Jahr kommt der Baumschneider.
Vorwitzige Zweige
zur Ordnung gerufen,
zurechtgestutzt, angepaßt, normiert.

Das Gesamtbild entscheidet.
Knoten und Verkrüppelungen
als bizarre Muster
geliebt und bewundert.

Platanen in der Stadt
gepflanzt zur Verschönerung,
zur Freude der Menschen,
Farbflecke im Stadtbild.

Aber – Leben?

Kreative Vorschläge

1. Baum-Geschichten schreiben

Die abgedruckten Texte wollen anregen, eigene Baum-Geschichten zu schreiben. Über die Identifikation mit Bäumen kann man relativ leicht Zugang dazu finden, wie das Kindergedicht zeigt. Die Gestaltung solcher Baum-Geschichten bietet die Möglichkeit, Parallelen zu entdecken und eigene Erfahrungen auszusprechen. So entstehen gleichzeitig Menschen-Geschichten. Der damit verbundene Verfremdungseffekt kann helfen, vieles neu zu sehen.

2. Baum-Gespräche führen

Statt Texte zu schreiben – wozu nicht jeder Lust hat –, kann man auch Baum-Gespräche führen.

In einer Gruppe werden viele Abbildungen von Bäumen gesammelt oder bereitgestellt und betrachtet. Jeder sucht sich dann einen Baum aus, mit dem er sich identifizieren kann oder möchte. Man versucht, als »Bäume« ins Gespräch zu kommen über Erfahrungen, Erlebnisse, Freuden, Ängste oder Hoffnungen.

Um das Gespräch in Gang zu bringen, bietet es sich an, zunächst ein paar Fragen vorzubereiten, z.B.: Wo stehst du? Was hast du schon erlebt? u.ä.

Eine andere Möglichkeit läßt jedem zunächst Zeit, sich eine Weile in den ausgewählten Baum hineinzuversetzen, sich ein paar Stichworte zu notieren und zum Einstieg ins Gespräch ein bißchen von sich (als dieser Baum) zu erzählen.

3. Identifikationen

Es gibt ein Ratespiel, bei dem man Personen mit verschiedenen Dingen, Tieren, Pflanzen usw. vergleichen und danach erraten muß. Sehr gut eignet sich dabei die Parallele zu Bäumen. Dieses Spiel kann Ausgangspunkt zu Überlegungen sein: Mit welchen Bäumen würde ich Menschen, die ich kenne, vergleichen?

Welchem Baum ähnle ich vielleicht?

Wo sind Gemeinsamkeiten gerade mit diesem?

Weiterführend der Gedanke: Welchem Baum möchte ich gerne gleichen? Warum?

Baum-Wünsche – Menschen-Wünsche

Gesegnet der Mann, der auf den Herrn sich verläßt
und dessen Hoffnung der Herr ist.
Er ist wie ein Baum, der am Wasser gepflanzt ist
und am Bach seine Wurzeln ausstreckt:
Er hat nichts zu fürchten, wenn Hitze kommt;
seine Blätter bleiben grün;
auch in einem trockenen Jahr ist er ohne Sorge,
unablässig bringt er seine Früchte.

Jeremia 17,7+8

Das Bild vom Baum
läßt mich nicht los.
Ich male es mir aus,
und immer stärker wird der Wunsch,
solch einem Baum zu gleichen.

Ich denke an die Wurzeln,
die weit in die Erde reichen.
Sie halten fest,
sind tief gegründet.
Sturm und Unwetter können toben,
den Baum schütteln und biegen,
aber er verliert den Boden nicht.
Sie geben ihm Halt.
Durch sie strömt immer neue Lebenskraft.

So kann er wachsen und reifen.
Wie vielgestaltig ist solch ein Baum!
Äste und Zweige strecken sich in alle Richtungen.
Er breitet sich aus,
nutzt den gegebenen Raum.

Welch eine Fülle von Farbtönen
gibt seinem Laub die Lebendigkeit.

Er schmückt sich mit Blüten,
trägt schließlich Früchte.

Ein Sinnbild erfüllten Lebens –
doch nicht nur für sich,
auch für andere.

Vögel nisten in seinen Zweigen,
finden Wohnung bei ihm.
Sein Schatten lädt ein zu Ruhe und Besinnung.
Viele erfreuen sich an den Früchten.

Glücklich ist der,
der einem solchen Baum gleicht.
Herr, mache mich zu einem Baum,
gepflanzt am Wasser.

Was ich dir wünsche?

Nicht, daß du
der schönste Baum bist,
der auf dieser Erde steht.
Nicht,
daß du jahraus, jahrein
leuchtest von Blüten
an jedem Zweig.

Aber daß dann und wann
an irgendeinem Ast
eine Blüte aufbricht,
daß dann und wann
etwas Schönes gelingt,
irgendwann
ein Wort der Liebe
ein Herz findet,
das wünsche ich dir.

Ich wünsche dir nicht,
daß du ein Mensch seist,
rechtwinklig an Leib und Seele,
glatt und senkrecht wie eine Pappel
oder elegant wie eine Zypresse.
Aber das wünsche ich dir,
daß du mit allem, was
krumm ist an dir
an einem guten Platz leben darfst
und im Licht des Himmels,

daß auch,
was nicht gedeihen konnte,
gelten darf,
und auch das Knorrige
und das Unfertige
an dir und deinem Werk
in der Gnade Gottes Schutz finden.

Jörg Zink

baum am wasser
tief gegründet
gehalten

wachsen und gedeihen
äste ausbreiten
nach allen seiten

blühen
frucht tragen
für sich
für andere

baum am wasser
bild erfüllten lebens

wunschtraum
und hoffnung

Kreative Vorschläge

1. Ein Baum-Lied dichten

Die vorliegende Melodie stammt von einem völlig anderen Lied. Vom dazugehörigen Text sind lediglich die Worte »Ich möcht' ein … sein« übernommen. Der abgedruckte Text ist als Beispiel und Anregung gedacht, eigene Strophen zu dichten.

Ich möcht ein Baum sein …

M: Kurt Röhrig

Ich möcht' ein Baum sein
mit langen, dicken Wurzeln,
die reichen tief hinab ins Erdreich
und geben mir viel Kraft
und geben mir viel Kraft.

Ich möcht' ein Baum sein
mit einem festen Stamme,
der Halt und Sicherheit mir schenket,
mich trotzen läßt dem Sturm,
mich trotzen läßt dem Sturm.

Ich möcht' ein Baum sein
mit Ästen und Zweigen,
die strecken sich nach allen Seiten
und nutzen aus den Raum
und nutzen aus den Raum.

Ich möcht' ein Baum sein
mit Blättern ohne Zahlen,
ganz bunt in Farben und in Formen.
Sie nehmen auf das Licht,
sie nehmen auf das Licht.

Ich möcht' ein Baum sein
mit vielen schönen Blüten.
Sie brechen auf und leuchten weit ins Land;
ein jeder freut sich dran,
ein jeder freut sich dran.

Ich möcht' ein Baum sein,
an dem viel Früchte reifen
voll Saft und Süße, gut und lecker,
die allen schmecken,
die allen schmecken.

Ich möcht' ein Baum sein,
zu dem sehr viele kommen,
zu wohnen oder auszuruhen,
sich Kraft zu holen,
sich Kraft zu holen.

Ich möcht' ein Baum sein,
gepflanzt am frischen Wasser,
gestärkt durch Licht und Sonnenwärme,
ganz fest im Leben stehn,
ganz fest im Leben stehn.

2. Einen Baum belauben

Die Beschäftigung mit dem Symbol des Baumes kann eine Unzahl von Erlebnissen und Erfahrungen abrufen. Da sind gute Erfahrungen, an die man mit Dank zurückdenkt, aber auch schwierige, die an die Narben in der Rinde eines Baumes erinnern. Es werden Wünsche und Hoffnungen wach; oft möchten wir einem guten Baum gleichen. Aber wir kennen auch die Bedrohungen, von außen, aus uns selber. All das kann zusammenfassend und kreativ zum Ausdruck gebracht werden beim Belauben eines Baumes. Ausgangspunkt ist ein großer kahler Baum, der auf ein Poster gemalt wird. Außerdem liegen für alle farbige Zettel, Scheren und Stifte bereit.

Jeder schneidet nun für sich in einfacher From eine Anzahl bunter Blätter, auf die er seine »Baum-Wünsche«, »-Freuden«, »-Hoffnungen« oder »-Ängste« notiert. Mit diesen Blättern wird der Baum anschließend belaubt. Es entsteht ein wunderschöner Baum (s. Abb.), um den man sich versammelt. Wir lesen zunächst still die verschiedenen Äußerungen. Keiner weiß, wer welche schrieb, vielleicht macht man ganz neue Entdeckungen. Abschließend liest, wer will, noch einmal die eine oder andere Formulierung vor, die ihm besonders wichtig geworden ist, während die anderen sie in Ruhe meditieren.

145

Biblische Hoffnungsbilder

Ihr sollt euch ohne Ende freuen und jubeln über das, was ich erschaffe. Denn ich mache aus Jerusalem Jubel und aus seinen Einwohnern Freude. ...in meinem Volk werden die Menschen so alt wie die Bäume.

Jesaja 65,18+22

So spricht Gott, der Herr: Ich selbst nehme ein Stück vom hohen Wipfel der Zeder und pflanze es ein. Einen zarten Zweig aus den obersten Ästen breche ich ab, ich pflanze ihn auf einen hoch aufragenden Berg. Auf die Höhe von Israels Bergland pflanze ich ihn. Dort treibt er dann Zweige, er trägt Früchte und wird zur prächtigen Zeder. Allerlei Vögel wohnen darin; alles, was Flügel hat, wohnt im Schatten ihrer Zweige.

Ezechiel 17, 22+23

Und er zeigte mir einen Strom, das Wasser des Lebens, klar wie Kristall; er geht vom Thron Gottes und des Lammes aus. Zwischen der Straße der Stadt und dem Strom, hüben und drüben, stehen Bäume des Lebens. Zwölfmal tragen sie Früchte, jeden Monat einmal; und die Blätter der Bäume dienen zur Heilung der Völker.

Offenbarung 22,1+2

Meinen Bogen setze ich in die Wolken …

Genesis 9,13

Bild des Regenbogens

Hinweise zum Aufbau und Gebrauch des Kapitels

Drei Grundgedanken verknüpfen sich in diesem Kapitel mit dem Bild des Regenbogens:

Regenbogen – Sinnbild für Frieden, Treue und Hoffnung
Regenbogen – Angebot von Fülle
Regenbogen – Brücke zwischen Menschen

Der Regenbogen wurde schon immer als Zeichen des Friedens und der Versöhnung mit dem All verstanden. Er wurde häufig als Brücke angesehen, die sich von der Erde zum Himmel hinaufschwingt und Götter und Menschen verbindet.
Aber er steht auch ganz allgemein als Bild für die Vereinigung und den Einklang der Gegensätze; denn er erscheint ja nur dort, wo Sonnenlicht und Regen aufeinandertreffen.
Zum anderen zerlegt er das weiße Licht in die Farben des Spektrums Violett, Blau, Blaugrün, Grün, Gelb, Orange und Rot. Damit ist er Hinweis auf Vielfalt und Fülle. Und kaum einer kann sich wohl seiner Farbenpracht entziehen, wenn er am dunklen Himmel vor einer finsteren Wolkenwand erscheint.
In biblischer Sicht ist der Regenbogen das Zeichen des Bundes zwischen Schöpfer und Geschöpf. Nach der großen Flut, die nur Noach und alle, die mit ihm auf der Arche waren, überlebten, setzt Gott ihn in die Wolken. Er verbindet ihn mit der Zusage seines Bundes mit den Menschen und dem Versprechen, daß er nie wieder eine solche zerstörerische Flut über die Erde bringen wird. Obwohl der Regenbogen nur in dieser einen Erzählung vorkommt, ist er ein kräftiges Symbol für Gottes Zusage der Treue und ein leuchtendes Hoffnungsbild geworden.
Der erste Teil des Kapitels kreist um diese Gedanken. Die Texte sprechen von Erfahrungen der Angst und Verlassenheit, von Dunkel und Hilflosigkeit, wie Noach sie auf der Arche erlebte. Der Regenbogen aber ist immer wieder Symbol für Hoffnung. Er erinnert an die Zusage der Hilfe und Treue Gottes und macht Mut, sich darauf zu verlassen.
Es folgen Vorschläge, Regenbögen zu gestalten, sich gleichsam »handgreiflich« – nicht nur mit dem Kopf – auf dies Hoffnungssymbol einzulassen und es für sich herzustellen. Beim Gestalten der Regenbögen begegnet uns die Fülle der Farben. Man entdeckt, daß es ja auch noch eine Unmenge von Abtönungen gibt, daß die einzelnen Regenbögen vielleicht sehr unterschiedlich ausfallen; gleichzeitig beobachtet man, wie viele farbige Dinge uns überall umgeben.
Damit sind wir beim zweiten Teil. Man kann in der Fülle der Regenbogen-Farben

auch ein Bild sehen für Fülle des Lebens, das uns umgibt, aber ebenso auch für die vielen Facetten des eigenen Wesens und die Möglichkeiten, die uns geschenkt sind. Der Regenbogen könnte dann davor bewahren, das Leben »eintönig« zu erfahren und zu leben.

Die Vielfalt der Regenbogen-Farben wird gleichzeitig aber auch verstanden als ein Hinweis auf die Vielfalt und Verschiedenheit der Menschen, denen der Bund Gottes gilt, die gleichsam durch die »Regenbogen-Brücke« miteinander verbunden sind. Mit diesen Gedanken befaßt sich der letzte Teil. (Zum Thema »Regenbogen« vgl. Albert Biesinger/Gerhard Braun, Gott in Farben sehen. Die symbolische und religiöse Bedeutung der Farben. Kösel-Verlag, München 1995, S. 9-25)

Regenbogen – Sinnbild für Frieden, Treue und Hoffnung

Und Gott sprach: Das ist das Zeichen des Bundes, den ich stifte zwischen mir und euch und den lebendigen Wesen bei euch für alle kommenden Generationen: Meinen Bogen setze ich in die Wolken; er soll das Bundeszeichen sein zwischen mir und der Erde. Balle ich Wolken über der Erde zusammen und erscheint der Bogen in den Wolken, dann gedenke ich des Bundes, der besteht zwischen mir und euch und allen Lebewesen, allen Wesen aus Fleisch, und das Wasser wird nie wieder zur Flut werden, die alle Wesen aus Fleisch vernichtet. Steht der Bogen in den Wolken, so werde ich auf ihn sehen und des ewigen Bundes gedenken zwischen Gott und allen lebenden Wesen, allen Wesen aus Fleisch auf der Erde. Und Gott sprach zu Noach: Das ist das Zeichen des Bundes, den ich zwischen mir und allen Wesen aus Fleisch auf der Erde geschlossen habe.

Genesis 9,12-17

In der Arche

Gott schickt in die Arche.
Die Arche – Raum der Sicherheit,
Unterpfand der Errettung.

Über 100 Tage schon
eingesperrt in die Enge.

Draußen stürzen die Fluten,
stürmen die Wogen
wüten die Stürme.

Zwar selbst nicht ausgeliefert,
noch nicht?
Aber wie lange noch?

Gott schweigt,
schweigt und überläßt mich der Angst.
Die Wasser der Tiefe
drohen auch mich zu ertränken.

Dann endlich die Worte:
Gehe hinaus,
verlaß die Arche.

Habe ich Mut?
Kann ich es wagen?

Um mich herum
die Pfützen der Vergangenheit,
die Reste des Unheils.

Aber Gottes Zusage gilt:
Es soll nicht wieder geschehen.
Das Zeichen in den Wolken:
Keine Wasser des Unheils
können dich von mir trennen.

Über der Bucht
weit,
über dem Regen
farbenstrahlend aus Nebeln
der Bogen – Frieden
ist uns versprochen.

Johannes Bobrowski

Regenbogen
farbiges band
traumhafte brücke
die zu beschreiten
verlockt

Doch der herrliche bogen
folgte der flut erst
nach dunkel und untergang
hoffnung und neubeginn

Auch heute der bogen
mit beidem verbunden

auch heute der bogen
wo die sonne
den regen besiegt

wo das leid
der hoffnung raum gibt

Das folgende einfache Kinderlied spricht in sehr schlichter Form die Zusagen aus, die mit dem Regenbogen verknüpft sind: Frieden, Treue und Hoffnung. Melodie und Aufbau sind so einfach, daß man sehr gut – auch schon mit Kindern – versuchen kann, eigene Strophen zu dichten:

Regenbogen, Friedenszeichen

T/M: Hanni Neubauer
Aus: Arbeitsheft Religionspädagogische Praxis,
1980. RPA Verlag, 84030 Landshut

Re - gen - bo - gen, Frie-dens-zei-chen, Gott reicht uns sei - ne Hand.

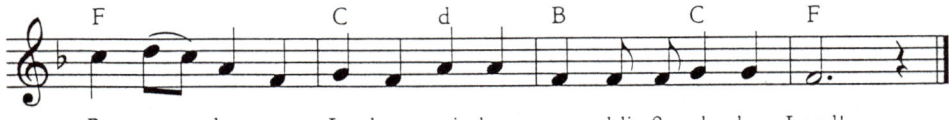

Re - gen - bo - gen, Le-bens-zei-chen, um-schlie-ße al - les Land!

2. Regenbogen, Friedenszeichen, Gott läßt uns nicht allein.
   Regenbogen, Lebenszeichen, Gott will die Welt befrein.
3. Regenbogen, Friedenszeichen, Gott schließt nun einen Bund.
   Regenbogen, Lebenszeichen, tut seine Liebe kund!

Ich stelle mir vor, ich bin unterwegs auf einer großen Wanderung in den Bergen. Es ist herrliches Wetter, Sonnenschein, Wärme. Ich genieße die wunderbare Landschaft, die Blicke weit in die Ferne, die Pflanzen und Steine am Wegrand.

Doch dann – sehr plötzlich steigen im Westen dicke schwarze Wolken empor. Sie nähern sich in rasender Geschwindigkeit. Schon höre ich die ersten Donner grollen, und in der Ferne zucken Blitze. Noch bin ich weit von der nächsten Hütte, habe noch eine gute Strecke zurückzulegen.

Immer mehr verdunkelt sich der Himmel. Nur auf einem fernen Hang sehe ich noch Sonnenschein. Näher und näher kommen die Blitze, und ihnen folgt der Donner Schlag auf Schlag. Es wird unheimlich und angsterregend. Ein eisiger Wind fegt über die Höhen. In diesem Augenblick öffnen sich die Wolken, und Hagel prasselt hernieder. Hart und erbarmungslos trifft er auf alles. Ich spüre die Körner wie Geschosse auf meinem Körper. Schnell flüchte ich mich unter überhängendes Gestein und starre in die bedrohliche Landschaft. Die Temperatur ist abgesunken. Ich beginne, in meiner leichten Kleidung zu frieren. Doch auch der eilig übergestreifte Pullover kann die feuchte Kälte nicht auffangen. Wo eben noch Freude und Glück waren, spüre ich Furcht und Ausgeliefertsein.

So stehe ich und warte, erschreckt zusammenzuckend bei jedem Blitz und Donner, zitternd vor Kälte. Immer wieder werfe ich ängstliche Blicke auf die Uhr, die mir die verrinnende Zeit anzeigt und mich eigentlich zum Weitergehen mahnt.

Der Hagel hat sich inzwischen in strömenden Regen verwandelt. Nimmt er gar kein Ende? Immer stärkere Angst packt mich. Verzweifelt schaue ich umher.

Plötzlich entdecke ich einen helleren Streifen am Himmel, ein wenig Blau zeigt sich, Löcher für Sonnenstrahlen. Während ich noch hoffnungsvoll dort hinschaue, sehe ich einen Regenbogen. In leuchtenden Farben spannt er sich vor mir aus, einem Tor oder einer Brücke gleichend. Und auf einmal kann mich der immer noch fallende Regen nicht mehr ängstigen. Der Regenbogen zeigt mir sein Ende an, er macht mir Mut, auf die Sonne zu warten. Er sagt mir, daß auch die größte Flut, das schlimmste Unwetter, die auswegloseste Situation vorrübergehen.

Und während ich mich an seinen herrlichen Farben erfreue, die ganz langsam verblassen, wird es um mich heller und freundlicher. Ich kann meinen Weg fortsetzen, in Gedanken immer noch überstrahlt vom wunderbaren Bild des Regenbogens.

Der Text sollte sehr langsam und mit großen Pausen gelesen/gesprochen werden, so daß jeder die Situation nachempfinden und sie sich in Gedanken ausmalen kann.

Die Phantasiereise läßt sich besonders gut mit Musik untermalen. Dazu bieten sich verschiedene Möglichkeiten an:

1. Die ganze Zeit wird im Hintergrund passende Musik abgespielt, die die Worte unterstützt usw.
2. Man kann jedoch auch jeweils ein Stück lesen/sprechen, das ein bestimmtes Gefühl ausdrückt. Gegen Ende setzt dann sehr leise die entsprechende Musik ein, die eine Weile weiterklingt und die Zeit zum Ein-/Nachfühlen begleitet. Allmählich verklingt sie. Der nächste Abschnitt wird gelesen und in gleicher Weise durch Musik unterstützt usw.

> Auch durch Freude sollst du deinem
> Schöpfer danken,
> nicht allein durch Willigkeit im Leid.
> Würde nicht die Regenbogenbrücke wanken,
> wär' sie außer Tränen nicht auch Farbigkeit?
>
> *Hildegard Ione*

> Manchmal fühle ich mich
> wie ein Seiltänzer.
> An den Abgründen des Lebens
> wagt er sich hinaus,
> tastet sich vorwärts
> auf schwankendem Grund
> im Bogen über die Tiefe,
> getragen und ermutigt
> von Worten und Versprechen,
> ihnen blind vertrauend
> wie einem Netz unter dem Seil.

Doch das Netz zerreißt.
So schwebt er über dem Abgrund
unfähig zu gehen.
Bei jedem Schritt
den Sturz befürchtend.
Keine Hilfe, kein Halt,
nicht Sicherheit und Geborgenheit,
nur Angst und Verzweiflung.

Und auf einmal
das Bild eines anderen Bogens,
gesetzt in die Wolken,
bunt geschwungen,
farbig leuchtend,
Sinnbild für Dauer und Treue.

Und zum Regenbogen
wird das Seil.
Er schwingt sich hinauf,
dem Versprechen vertrauend,
getragen von Zuversicht,
Erwartung und Hoffnung.

Lied vom Regenbogen

T: Eva Rechlin/M: Fritz Baltruweit
Textrechte: bei den Autoren.
Musikrechte: tvd-Verlag, Düsseldorf

1. Man sagt und tut das Bö - se oft. Viel-leicht aus Zorn, aus Neid,

viel - leicht auch nur ge - dan - ken - los? Im Grun-de tut dir's leid.

Du weißt nicht, wie du's än - dern kannst, weißt nicht mehr ein und aus.

Dann trau dich mit dem Mut des Tän - zers auf dem Seil hin - aus.

Dann geh' mit dem was du be-reust, auf Got-tes Re - gen - bo - gen.

Den hat die Lie - be hell und bunt auf dunk-len Grund ge - zo - gen.

2. Das Dunkle hat dir angst gemacht? Ein Traum vielleicht, ein Schrei?
   Du wartest, daß der Tag beginnt, die Nacht geht nicht vorbei?
   Du weißt nicht, was dir helfen kann, weißt nicht mehr ein und aus?
   Dann trau dich mit dem Mut des Tänzers auf dem Seil hinaus!
   Dann geh mit deiner dunklen Angst auf Gottes Regenbogen ...

3. Für Wunden, die man andern schlägt, sind viele von uns blind,
   weil manche, die der Schaden traf, nicht unversöhnlich sind.
   Wie ratlos bist du, wenn du's merkst, weißt nicht mehr ein und aus?
   Dann trau dich mit dem Mut des Tänzers auf dem Seil hinaus!
   Dann trag, was du bedauern mußt, auf Gottes Regenbogen ...

4. Geliebtes zu verlieren, schmerzt, dein Herz ist wund und schwer.
   Wo etwas da war für dein Glück, dort ist jetzt alles leer.
   Du denkst, daß du es nie verschmerzt, weißt nicht mehr ein und aus?
   Dann trau dich mit dem Mut des Tänzers auf dem Seil hinaus
   Dann trage deine Traurigkeit auf Gottes Regenbogen ...

Regenbögen gestalten

Der Regenbogen ist ein sehr flüchtiges, aber dennoch ein sehr intensives Symbol. Es gibt sehr unterschiedliche Möglichkeiten, ihn zu darzustellen. Um ihn nicht starr festzuschreiben, wird vorgeschlagen, gleichzeitig ganz unterschiedliche Regenbögen zu gestalten:

1. Regenbogen mit Wasser- oder Dispersionsfarben auf riesige Poster malen.

2. Lange Papierstreifen in den Regenbogenfarben bemalen und zu einem Regenbogen zusammenfügen.

3. Farbige Papierstreifenstücke an die Teilnehmer verteilen und sie auffordern, sich zu einem Regenbogen zusammenzufinden. Das ist vor allem für größere Gruppen eine reizvolle Aufgabe.

4. Das gleiche mit langen farbigen Tüchern machen. Dieser Regenbogen läßt sich durch Schwingen der Tücher wunderbar bewegen.

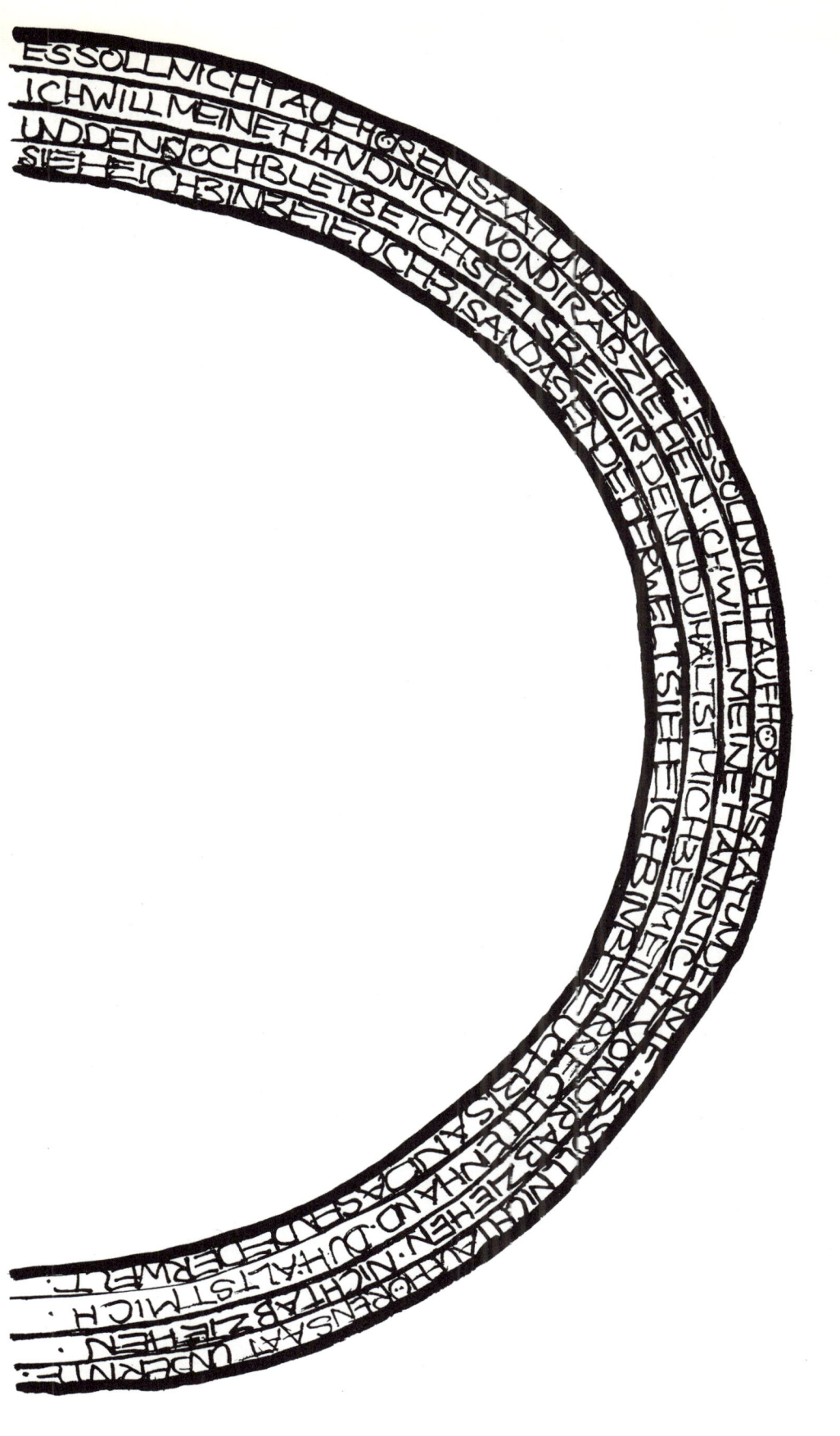

5. Regenbögen in Kratztechnik herstellen. Ein Diaglas wird mit Ruß geschwärzt. Mit einem spitzen Gegenstand wird der Bogen hineingekratzt und mit Folienstiften bemalt. Das zweite Diaglas wird zum Schutz draufgelegt, beide zusammengeklebt, und der Regenbogen läßt sich an die Wand werfen.

Zwei weitere Möglichkeiten erfordern etwas mehr Zeit:

6. Man sammelt in Gruppen möglichst viele Bilder von schönen Dingen in den Farben des Regenbogens. Sie werden den entsprechenden Farben eines gemalten Bogens zugeordnet. So entsteht ein Regenbogen der Fülle, dessen Herstellung gleichzeitig im Sehen und Entdecken übt.

7. Dieser Vorschlag ist mehr für Einzelarbeit gedacht. Man gestaltet einen Regenbogen aus farbigen Schriftzeichen. Dazu wählt man einzelne Wörter oder Bibelworte z.B. aus der Noach-Geschichte, aber auch andere aus Psalmen usw., die die Treue und Hilfe Gottes zusagen (vgl. die Abbildung). Man kann jedoch auch die einzelnen farbigen Bögen an Gruppen aufteilen. Jede gestaltet eine Farbe mit Schriftworten. Anschließend wird aus allen der Regenbogen zusammengesetzt, er verkörpert durch Bild und Text die Zusagen Gottes.

Regenbogen – Angebot von Fülle

Eine handvoll fantasie
ist nicht
genug

greif tief in dich hinein
geh an deine grenzen
deine ränder und
brüche

laß dich nicht
von dem fels
mittelmäßigkeit
erdrücken

flechte kränze aus licht
singe lieder aus farben

bau den regenbogen

Angelika Schneiderat

Regenbogen,
immer wieder fasziniert
deine leuchtende Pracht.
Ich schaue dich an,
kann den Blick nicht wenden.
Deine schillernde Buntheit
ist mir Fülle von Leben.

Du leuchtest strahlend
vor dunklem Grund.
Tief in mich hinein
versenke ich deine Farben.
Wie kostbare Geschenke
halte ich sie fest.

Regenbogen,
selbst zart und flüchtig,
nicht mit Händen zu fassen,
bist du fort zu schnell.
Und dennoch ein Zeichen,
Versprechen Gottes
für Treue und Dauer.

Deine Farben verblassen,
doch ich finde dich wieder
in der Fülle und Buntheit
der Dinge um mich,
in Blüten und Steinen
im Schmetterling vor meiner Tür.

Regenbogen,
du leuchtest in mir
tief innen dein Licht.
Und es strahlt hinaus,
nimmt neue Gestalt an,
wird zu Farben und Formen.
in Worten und Bildern.

Vgl. hierzu die Materialien S. 31 ff. zu »Sehen lernen«

Ohne Regenbogen

Hier geht niemand mehr
ein und aus.
Die Landschaft: ein Sperrgebiet,
zerschnitten und leidzerfurcht,
ein moosbewaffneter, giftiger Grund.

Grau wächst das Gras.
Teilnahmslos,
paßt sich dem Himmel an.
Die Farben sind ausgewandert.
Sie hatten es eilig.

Die Schwalbe,
die noch keinen Sommer macht,
fliegt tief.
Am Himmel ist
kein Platz mehr frei
für Vogelflug.

Bald werden wir sein
Verbannte, unbehaust
auf einem gottverlassenen
Planeten.

Manfred Fischer

Farbigkeit
wo bist du geblieben
früher sprangst du mich an
aus blüten und steinen
wolken und wasser
gedanken und tun

eintönig jetzt alles
grauschleier
breiten sich aus
über mich
meine umgebung
dinge und menschen

ein tag gleicht dem andern
monotonie und tristesse
immer die gleichen worte
die gleichen gesichter
die gleiche arbeit und mühe

grau alles um mich

163

Farben-Grauschleier – Vorschlag zur Meditation

Die vorausgehenden Texte sind sehr widersprüchlich, die einen sehr farbig und positiv, die anderen gedrückt, depressiv. Wir alle kennen wohl die Gefühle, die in beiden ausgesprochen sind, aber sehr leicht lassen wir uns hineinreißen in die mehr negative Sicht unseres Alltags und unseres Lebens.

Das Bild des Regenbogens möchte uns ermuntern, die Farbigkeit in und um uns immer wieder neu zu entdecken. Dabei ist nicht nur an Farben im vordergründigen Sinne gedacht – an die auch –, sondern an die Möglichkeiten zu Freude, Kreativität, Freundlichkeit, Gemeinsamkeit usw. Wie farbige Punkte wollen sie unseren Alltag neu beleben und aus der Eintönigkeit reißen. Man muß sie nur bewußt aktivieren und sich mehr zutrauen, als man oft meint.

Diese Farbflecken können Dinge sein, die ich in meiner Umgebung neu entdecke, es können Töne, z.B. ein Vogellied, sein, das ich plötzlich wieder höre, es können Worte oder Gesten sein, mit denen ich einem anderen meine Zuneigung zeige oder auch nur das maskenhafte Nebeneinander im Beruf unterbreche, es können Tätigkeiten sein – malen, schreiben, singen –, die ich zwar nicht beherrsche, aber die mir Freude machen und neue Möglichkeiten eröffnen.

Der folgende Vorschlag will helfen, den eigenen Alltag unter den besprochenen Gedanken zu meditieren. (Vgl. die Hinweise zum »Sehen lernen« S. 31 ff.)

Wir nehmen ein Blatt Papier und unterteilen es einmal senkrecht. Über die linke Seite malen wir nur eine graue Wolke als Zeichen für den grauen Alltag, über die andere Seite einen Regenbogen als Symbol für Farbigkeit und Fülle.

Nun tragen wir links die Dinge ein, die uns in unserem Leben grau, eintönig und leer erscheinen. Zwischen den einzelnen Eintragungen lassen wir einige Zeilen frei; denn auf der gegenüberliegenden Seite wollen wir jetzt versuchen, uns auszumalen, welche Farbflecke wir diesen Grauzonen gegenüberstellen können, um sie aufzuhellen und bunt zu machen. Und da sollten wir uns möglichst viel einfallen lassen.

Diese Aufgabe kann man sehr gut in einer Gruppe durchführen und sich anschließend über die gefundenen Vorschläge und Ideen austauschen. Man kann diese Überlegungen aber auch ganz für sich allein machen, und vielleicht wäre es sogar sinnvoll, es eine Weile regelmäßig zu tun, um sich einzuüben, den Regenbogen und seine Anregungen wirken zu lassen.

Regenbogen – Brücke zwischen Menschen

Die anderen Brücken

»Du hast einen schönen Beruf«, sagte das Kind zum alten Brükkenbauer, »es muß sehr schwer sein, Brücken zu bauen.«
»Wenn man es gelernt hat, ist es leicht«, sagte der alte Brükkenbauer, »es ist leicht, Brücken aus Beton und Stahl zu bauen. Die anderen Brücken sind sehr viel schwieriger«, sagte er, »die baue ich in meinen Träumen.«
»Welche anderen Brücken?« fragte das Kind.
Der alte Brückenbauer sah das Kind nachdenklich an. Er wußte nicht, ob es verstehen würde. Dann sagte er:
»Ich möchte eine Brücke bauen von der Gegenwart in die Zukunft. Ich möchte eine Brücke bauen von einem zum anderen Menschen, von der Dunkelheit in das Licht, von der Traurigkeit zur Freude. Ich möchte eine Brücke bauen von der Zeit in die Ewigkeit über alles Vergängliche hinweg.«
Das Kind hatte aufmerksam zugehört. Es hatte nicht alles verstanden, spürte aber, daß der alte Brückenbauer traurig war.
Weil es ihn wieder froh machen wollte, sagte das Kind:
»Ich schenke dir meine Brücke.«
Und das Kind malte für den Brückenbauer einen Regenbogen.

Anne Steinwart

Regenbogen II

Die Sintflut
aufgeschoben

An der Regengrenze
die Wölbung
an der alle Farben
teilhaben

An denen wir
Freigesprochene
teilhaben

Über die flüchtige
Friedensbrücke
gehn unsere Augen
zeitverbunden

Mensch an Mensch an Mensch

Rose Ausländer

Kanon zur FriedensDekade 1994

T: M. Gürtler/M: H. Euler

Un - ter dem Re - gen - bo - gen da blüht, da blüht ein schö - ner Traum;

Sanft - mut statt El - len - bo - gen wird neu - e Brük - ken baun.

Regenbogen – Kontaktspiel

Der Regenbogen als das Himmel und Erde verbindende Symbol kann gut als Kontakt- oder Kennenlernspiel benutzt werden.

Man hängt lange farbige Streifen (unter Umständen Kreppapier) über einen Haken an der Decke und läßt die Enden nach beiden Seiten herunterhängen. Jeder Teilnehmer ergreift ein Streifenende. Nun rollt man aufeinander zu. So finden sich jeweils Paare zusammen, die sich miteinander bekannt machen. Anschließend rollt jedes Paar seinen Streifen wieder aus, und man gestaltet gemeinsam einen Regenbogen. Beim Ausrollen stellt jeder seine/n Partnerin/Partner vor.

… ich lege einen Grundstein …

Jesaja 28,16

Bild des Steins

Hinweise zum Aufbau und Gebrauch des Kapitels

Das Kapitel über die Steine gliedert sich in folgende Abschnitte:

Annäherungen an das Bild

Wie Steine sein können:
    Steine – fest und verläßlich
    Steine – hart und verletzend

Was wir mit Steinen tun:
    Bauen, schützen
    Werfen, steinigen, zerstören

Steine im Weg

Gedenk-Steine

Zu Steinen haben wohl die meisten Menschen eine sehr unmittelbare Beziehung. Viele suchen am Meer, an Bächen und Flüssen, aber auch im Gebirge nach schönen Steinen. Und dabei geht es durchaus nicht nur um das Finden kostbarer Exemplare, auch nicht um Versteinerungen oder allein um die ästhetische Qualität. Die wenigsten beschäftigen sich auch mit Steinarten, ihrer Entstehung oder ihrem Zusammenhang mit der Erdgeschichte. Es ist sicher schwer zu definieren, was viele von uns veranlaßt, Steine zu sammeln; wahrscheinlich sind die Gründe uns selbst nicht bewußt. Fast ist es, als enthielten Steine ein anziehendes Geheimnis.
Schon in alten Zeiten und bei vielen Völkern haben die Menschen bestimmte Steine bei sich getragen, in ihnen ihre Lebenskraft gesehen und sich ein Stück weit mit ihnen identifiziert.
Durch seine Einheit, die einfach existiert und unveränderlich da ist, symbolisiert der Stein sicher ein Erlebnis des Ewigen und Unwandelbaren. Man hat auch schon von der »Ewigkeits«-Qualität von Steinen gesprochen. So wählte man auch häufig Steine als Male und Altäre, um Götter oder Helden zu verehren.
Der Stein ist also das in sich Geschlossene, in sich Ruhende, Verläßliche, das Halt geben kann.
Gleichzeitig sind Steine aber auch Sinnbild für die Verhärtung des Lebendigen, wie das Wort Versteinerung ja gut verdeutlicht. Hier wandelt sich die positive Bedeutung und steht im Zusammenhang mit Erstarrung und Tod.

Steine begegnen uns also nicht nur in ihrem Sosein, sondern wir erleben sie in sehr unterschiedlichen – guten und schlechten – Zusammenhängen, empfinden sie als hilfreich und stützend oder als bedrohlich und trennend.

Dieses Kapitel versucht, den verschiedenen Erscheinungsformen von Steinen und ihrer Beziehung zu unseren Erfahrungen nachzugehen und sie mit biblischen Erfahrungen zu verknüpfen.

In einem ersten Teil geht es um eine allgemeine Annäherung an das Bild. Auf mehreren Wegen wollen wir die Sensibilität sowohl für den Gegenstand als auch für den Begriff intensivieren.

Der folgende Teil nimmt zwei Eigenschaften von Steinen auf: fest und hart. Er verbindet damit jeweils Empfindungen, die diese Eigenschaften bei uns oft hervorrufen: verläßlich, aber auch verletzend.

Fest und verläßlich ist Gott als der Fels, auch als der Grund, den er mir anbietet, auf den ich mein Leben bauen kann. Wieweit bin ich bereit, auf Stein und nicht auf Sand zu bauen? Wo finde ich immer wieder Steine, die mir Halt geben? Wieweit kann ich aber auch für andere Stein sein, auf den sie sich verlassen können? Um diese Fragen kreist der erste Teil.

Er wird ergänzt durch die andere Seite der Steine: hart und verletzend. Auch darin können wir ihnen gleichen.

Der Abschnitt »Was wir mit Steine tun können« gliedert sich ebenfalls in zwei Teile. Zum einen geht es um das Bauen und Schützen, zum andern ums Werfen, Steinigen, Zerstören. Von biblischen Texten ausgehend, befragen wir uns, wie wir mit Steinen – wirklichen und symbolischen – umgehen. Immer wieder geraten wir in unserem Leben in Schwierigkeiten, finden Steine auf unserem Weg oder meinen, daß andere uns Steine in den Weg legen. Mit diesen Steinen setzt sich der folgende Teil auseinander.

Schließlich gehen wir dem Brauch nach, Gedenksteine und Denkmäler aufzustellen. Biblische Texte wollen uns ermuntern, Erinnerungssteine besonderer Art zu errichten.

Annäherungen an das Bild

Wenn wir über Steine nachdenken wollen, ist es sinnvoll, einmal das ganze Umfeld, das mit diesem Bild zusammenhängt, anzuschauen, ohne gleich unser Augenmerk in irgendeine bestimmte Richtung zu leiten. Dazu bieten sich Sammel-Aufgaben an, wie z.B. die Zusammenstellung von Wortfamilien, Wortfeldern oder Sprichwörtern und Redensarten. Beispiele:

Wortfeld »Stein«

Stein, Fels, Brocken, Kiesel, Sand, Kies, Ziegel, Pflasterstein, Geröll, Schotter, Findling, Berg, Edelstein …

Wortfamilie »Stein«

Stein, steinig, steinigen, Steinigung, steinreich, steinhart, Eckstein, Pflasterstein, Steinmauer, Steinhaus, Stolperstein, Steinlawine, Steinschlag, Steinwurf …

Wie ein Stein sein kann

hart, glatt, groß, kantig, rauh …

Was man mit Steinen tun kann/wofür wir sie benützen

bauen, werfen, töten, gestalten, schleudern, treffen …
für Häuser, für Wälle, für Mauern, für Straßen, als Gedenksteine, als Grabsteine, zum Werfen, zum Töten, als Schmuck …

Spontane Assoziationen

Die folgende Aufgabe dient dazu ganz, schnell und spontan zusammenzustellen, was wir mit dem Bild Stein verbinden. Jede/r Teilnehmerin/Teilnehmer erhält das folgende Blatt mit ein paar Fragen zum Wort Stein und wird aufgefordert, ganz spontan, ohne lange zu überlegen, jeweils die erste Assoziation aufzuschreiben.

Assoziationsblatt: Stein

Beantworten Sie die folgenden Fragen bitte sehr spontan und ohne lange zu überlegen. Schreiben Sie nur den ersten Einfall auf, der Ihnen kommt, versuchen Sie nicht eine vollständige Sammlung herzustellen.

Verbinden Sie mit dem Wort »Stein« ein angenehmes oder ein unangenehmes Gefühl? _____

_____

Haben Sie sofort an einen bestimmten Stein denken müssen? Wo befindet er sich?

_____

Wie ist ein Stein? _____

_____

Welche Farbe fällt Ihnen ganz spontan ein? _____

_____

An welche Größe denken Sie? _____

_____

Suchen Sie ein anderes Wort für Stein. _____

_____

Was kann man mit Steinen tun? _____

_____

Fällt Ihnen eine Redensart oder ein Sprichwort ein, in dem ein Stein oder Steine eine Rolle spielen? _____

_____

Denken Sie an eine Situation oder ein Erlebnis mit Steinen. Welche Rolle spielten sie dort? _____

_____

Haben Sie schon einmal Steine gesammelt? Können Sie sagen, warum? _____

_____

Redensarten zu Stein, Fels, Berg

— Wer im Glashaus sitzt, soll nicht mit Steinen werfen.
— Stolpersteine in meinem Weg.
— Jemand Steine in den Weg legen.
— Zwischen Mühlsteine geraten.
— Versteinern, steinernes Herz haben.
— Jemand Steine statt Brot geben.
— Jemandem die Steine aus dem Weg räumen.
— Sein Haus auf den Felsen bauen.
— Der Fels, auf den man bauen kann.
— Etwas liegt wie ein Berg vor mir.
— Stein um den Hals haben.
— Steinbruch-Arbeit leisten.
— Mir fällt ein Stein vom Herzen.
— Das kann einen Stein erweichen.
— Ein Fels in der Brandung sein.
— Zum Stein des Anstoßes werden.
— Etwas liegt einem wie ein Stein im Magen.
— Steter Tropfen höhlt den Stein.
— Steinreich sein.
— Da fangen die Steine an zu schreien.
— Jemandem einen Stein um den Hals hängen bzw. das Gefühl haben.
— Den ersten Stein auf jemanden werfen.
— Einen Stein ins Rollen bringen.
— Zum Steinerweichen weinen.
— Keinen Stein auf dem anderen lassen.
— Bei jemandem einen Stein im Brett haben.

Steine betrachten und betasten

Wichtig ist es jedoch nicht nur, das Umfeld des Bildes zu klären, viel sinnvoller ist eine intensive sinnliche Beschäftigung mit dem Stein, d.h. ihn genau anzuschauen, seine Farben und Muster zu studieren, ihn zu betasten, ihn in der Hand hin und her zu bewegen, seine Form zu erfühlen.
Die folgende Übung leitet in sehr spielerischer Form dazu an.

»Ich kenne meinen Stein«

Die Teilnehmer sitzen im Kreis, in der Mitte liegen viele Steine von etwa vergleichbarer Größe. Sie sollen gut in eine Hand passen.

Zu Anfang wählt sich jede/r Teilnehmerin/Teilnehmer einen Stein aus oder bekommt einen; die restlichen Steine werden zur Seite geräumt.

Nun werden alle aufgefordert, eine Beziehung zu ihrem Stein herzustellen: ihn genau zu betrachten, seine Farben, seine Muster, ihn zu betasten, seine Größe, seine Form, seine Oberfläche zu erspüren, die Kanten, die Rundungen, vielleicht auch seiner Geschichte nachzusinnen.

Nach einer Zeit der Stille werden alle Steine in einer Schale gesammelt. Sie werden durcheinandergemischt und erneut ausgelegt. Jetzt werden alle aufgefordert, ihren Stein wieder herauszufinden. Anschließend kann jeder erzählen, was für ihn die Hauptmerkmale seines Steines waren; man kann sie sich gegenseitig zeigen, sich auf besondere Nuancen aufmerksam machen und so die Sensibilität für die Vielfalt wecken.

Steine – Meditation/Phantasiereise

Vorbereitung

Die Teilnehmer sitzen im Kreis. In der Mitte steht ein Gefäß mit Steinen. Die Steine sollten so groß sein, daß man sie gut in einer Handfläche halten, sie befühlen und mit den Fingern umschließen kann. Besonders geeignet sind Steine, die vom Wasser beschliffen sind und sich gut in die Hand einpassen.

Zu Beginn wählt sich jeder einen Stein aus, betrachtet und befühlt ihn still. Man behält ihn während der Phantasiereise in der Hand.

Der Text wird langsam und mit Pausen gesprochen, um der Phantasie der Teilnehmer Raum zu lassen.

Text

Ich halte den Stein in meiner Hand und schließe die Augen. Ich spüre sein Gewicht. Mit den Fingern gleite ich noch einmal über die Oberfläche und ertaste die Form, die Glätte, aber auch die Ecken und kleinen Unebenheiten.

Anfangs liegt er kühl – wie ein Fremdkörper – auf der Handfläche. Ich schließe die Hand. Allmählich übernimmt er die Wärme meines Körpers, wird fast ein Stück von mir. Ich versetze mich in ihn hinein und begleite ihn eine Strecke auf seinem Lebensweg, auf seinem Weg hierher. Ja, ich bin dieser Stein.

Zunächst sehe ich mich als Teil einer Steilküste am Meer. Um mich herum anderes Gestein, Sand; hier und da eine Wurzel von kargem Bewuchs. Das Rauschen der

Wellen schlägt zu mir hoch wie eine gleichbleibende, ferne Melodie – tagein, tagaus.

Jedoch die Dauer trügt. Ich spüre Bewegung im Untergrund, merke, wie das anscheinend feste Gefüge anfängt, sich zu bewegen, zu verschieben, zu rutschen. Und ich bin eingeschlossen in diese Bewegung, kann mich ihr nicht entziehen.

Immer lauter werden die Geräusche des Wassers, mächtiger höre und sehe ich die Wogen, die unablässig an die Küste schlagen.

Schon erreichen mich ihre ersten leckenden Zungen. Wasser umspielt mich. Sand und kleinere Steine werden weggespült, immer lockerer liege ich.

Plötzlich erfaßt mich eine starke Welle. Sie reißt mich heraus aus meiner Umgebung, schleudert mich fort ins Meer, ins Unbekannte.

Schnell beginne ich zu sinken und finde mich am Meeresboden wieder. Hier liege ich zwischen Unmengen von Steinen, großen und kleinen.

Aber das ist keineswegs das Ende meiner Reise, nicht der Ort neuer Ruhe. Mit den Bewegungen des Wassers werde ich unablässig hin- und hergeschoben, näher zum Ufer und wieder zurück, zum Ufer und zurück. Und mit mir all die anderen Steine. Wir werden gegeneinander verschoben, gepreßt, auseinandergerissen, weitergespült, zurückgehalten durch größeres Gestein, an Felsen geschleudert, aneinander und über Sand gerieben.

Ich spüre, wie ich mich verändere. Ecken werden abgeschliffen, spitze Kanten beginnen sich zu glätten, die Oberfläche wird poliert, verdeckte Farben und Adern werden freigelegt. Ich werde geformt. Das verursacht Schmerzen und Angst, aber auch Freude an der Bewegung und am Neuen.

Und wieder erfaßt mich eine Welle, wirbelt mich herum und wirft mich weit auf den Strand. Hier liege ich mitten im weichen Sand; Tage und Wochen, bis jemand kommt, mich aufhebt und mitnimmt.

Wir kehren von unserer Reise zurück in unsere Gegenwart. Wir spüren den Stein wieder in unserer Hand. Er liegt in ihr schmeichelnd, geglättet. Ganz intensiv erleben wir noch einmal seine Form und betrachten seine Muster und Farben. Wir legen ihn zurück zu den anderen oder nehmen ihn als Erinnerung mit.

Vgl. dazu den Text »Stein im Meer« S. 209

Wie Steine sein können

Steine – fest und verläßlich

Herr, du mein Fels, meine Burg, mein Retter,
mein Gott, mein Fels, bei dem ich mich berge,
mein Schild und sicheres Heil, meine Feste,
meine Zuflucht, mein Helfer, der mich rettet.

2 Samuel 22,2f. (vgl. Ps 18,2; 31, 3f.; 62,7f.)

Er zog mich heraus aus der Grube des Grauens,
aus Schlamm und Morast.
Er stellte meine Füße auf den Fels,
machte fest meine Schritte.

Psalm 40,3

Manchmal fallen wir in einen Abgrund,
um uns nur Finsternis und Verzweiflung.
Weg alles Glück , die Sicherheit,
in der wir uns wähnten.
Schrecken und Angst
nehmen uns den Atem.

Doch immer wieder ahnen wir,
den festen Grund.
Er wird nicht entzogen,
auf ihn können wir bauen.

So spricht Gott, der Herr: Seht her, ich lege einen Grundstein in Zion,
einen harten und kostbaren Eckstein, eine Fundament, das sicher und
fest ist.

Jesaja 28,16 (vgl. Psalm 119,22)

Von den Bauleuten spricht die Bibel,
die die Steine beim Bau sortieren.
Der eine, zu eckig, nicht passend,
als unbrauchbar verworfen,
wird zum Eckstein, der trägt.

Was Steine sein können

Stein des Anstoßes,
Fels in der Brandung,
Stein, auf den man bauen kann,
verletzendes Wurfgeschoß,
Stein, über den man stolpert,
Stein, der den Weg versperrt,
lebendiger Baustein.

Jesus, der Eckstein
Und ich?

Phantasiespiel

Alle erhalten die Aufgabe, sich vorzustellen, sie seien ein Stein. Nun gilt es, über folgende Fragen nachzudenken: Was für ein Stein möchte ich sein? Wie sehe ich aus (Größe, Form, Farbe usw.)? Wo befinde ich mich? Was erlebe ich? Was gefällt mir an meinem Stein-Sein, was nicht?
Anschließend erzählen wir aus unserem Stein-Leben.

Manchmal fühl' ich mich wie ein Stein,
hin- und hergeworfen,
gerieben, gestoßen,
getreten, benutzt,
schmerzhaft ausgesetzt.

Manchmal möcht' ich ein Stein sein,
mit Linien und Mustern,
Abbild seiner Geschichte,
fest und verläßlich,
in sich ruhend.

Wer diese meine Worte hört und danach handelt, ist wie ein kluger Mann, der sein Haus auf Fels baute. Als nun ein Wolkenbruch kam und die Wassermassen heranfluteten, als die Stürme tobten und an dem Haus rüttelten, da stürzte es nicht ein; denn es war auf Fels gebaut. Wer aber meine Worte hört und nicht danach handelt, ist wie ein unvernünftiger Mann, der sein Haus auf Sand baute. Als nun ein Wolkenbruch kam und die Wassermassen heranfluteten, als die Stürme tobten und an dem Haus rüttelten, da stürzte es ein und wurde völlig zerstört.

Matthäus 7,24-27

Beim Bau eines Hauses,
beim Bau eines Lebens,
was ist der Grund?
Bau ich auf Sand oder auf Fels?
Wo find ich den festen steinigen Grund?
Wo ist der Fels, auf den ich baue?
Und –
kann ich – manchmal vielleicht –
Fels sein für andere?

Mildernder Umstand

Der Sand,
auf den ich baute,
ist nicht böse,
sondern nur schwach.

Wie tröstlich
ist dieses Wissen
für mein
einstürzendes Haus!

Theodor Weißenborn

Und er wird sagen: Wo sind ihre Götter?
Wo ist der Fels, bei dem sie Schutz suchten?

Deuteronomium 32,37

Kein festes Haus,
keine sichere Bleibe,
unterwegs mit meinem Leben.

Auf breiten Straßen,
durch schmale Gassen,
über Berge und Hügel.

Dann der Fluß,
nicht zu durchschreiten
nicht zu überspringen.

Es geht nicht weiter,
aus, zu Ende,
bleibt Resignation.

Doch Steine im Wasser,
machen Mut zum Sprung,
geben festen Halt.

Von einem zum andern
tastend und springend,
führt der Weg zum anderen Ufer.

Kreative Umsetzung

Immer wieder im Leben machen wir die Erfahrung oder haben sie gemacht, daß wir meinten, es gehe nicht weiter. Wir fühlen uns hilf- und kraftlos. Kein Gedanke an einen festen Grund. Wir fühlen ihn nicht; oder es war Sand, auf den wir bauten. Wir alle kennen – zum mindesten aus der Kindheit – die spielerische Erfahrung, einen Bach oder Fluß auf Steinen zu überqueren, die in ihm liegen oder die wir allein oder mit anderen hineinwerfen. Wenn wir das Bild des zu überquerenden Baches auf Lebenssituationen übertragen, können wir uns fragen, wo es solche Steine gab, die wir fanden, die andere für uns hineinlegten, wie sie in der jeweiligen Situation aussahen. Vielleicht kann man sie auch als Abglanz des Felsens sehen, dessen Halt uns zugesagt ist. Das Bild läßt sich kreativ umsetzen. Man kann einen Bach symbolisch mit blauem Krepp- oder Buntpapier auslegen. Steine werden darauf gelegt und beschriftet oder in irgendeiner symbolischen Weise mit Situationen identifiziert. Das gleiche kann man auch malen.

Steine – hart und verletzend

Im Gleichnis der Sämann
sät den Samen aufs Land.
Überall fliegt er hin,
auf Acker und Weg,
zwischen Dornen und Steine.
Auf steinigem Feld
kein Wachstum möglich.

Lukas 8,4-8

Ihre Stirn ist härter als Stein,
sie weigern sich umzukehren.

Jeremia 5,3

Steinmeditation

Nimm den Stein in die Hand,
fühle ihn.
Er ist hart, wie die Herzen der Herrschenden;
hart wie Stein.

Umschließe ihn mit der Hand,
erwärme ihn,
den kalten Stein.
Nur wenn du ihn umfaßt,
nimmt er Wärme an,
wie ein kaltes Herz.

Begreife ihn mit deinen Fingern,
nur wenn du ihn begreifst,
wirst du dich mit ihm befreunden.
Fühle über seine Fläche,
die glatte, an der alles herunterperlt,
die kantige, die dir weh tut
und dich verletzen kann,
deine Empfindlichkeit, dein Fingerspitzengefühl,
deine Haut, die dich schützt.

So wird er ein Teil von dir:
denn so bist du oft selber – steinhart,
und kalt,
und aalglatt,
und gefühllos,
und kantig,
scharf und verletzend.
Geschleudert als Stein
gegen die Befreiung der Unterdrückten,
geschleudert,
um jede menschliche Regung im Keim zu ersticken,
geworfen
gegen die verzweifelten und schreienden Menschen.

Ich mit meiner Meinung,
mit meinem Vorurteil,
steinhart in meiner Gleichgültigkeit,
treffe die Armen, die Lieblinge Gottes,
und lasse sie treffen – täglich.

Nur wenn einer kommt
und die Hand um dich legt,
wandelt deine Kälte sich um in Wärme.
Nur wenn einer kommt
und dich umfaßt,
wird die stumme Kälte sich auflösen
und Steine werden reden.

Nur wenn einer kommt
und sich deiner annimmt,
wirst du nicht mehr »zum-Stein-erweichen«
zum Himmel schreien.

Nur wenn einer kommt
und dich aufnimmt,
wird niemand mehr über dich stolpern.

Nur wenn einer kommt
und dich anrührt,
wird aus Steinen klares Wasser fließen;
die Durstigen werden ihre Sehnsucht stillen.

Kirchentag, Hannover 1983

Erstarrung

Du magst
dich nicht
und nicht
die andern
verkrustet
Zunge dir
und Herz

Wer erlöst dich
wer spricht die
Zauberformel
über dich

Ephata
tu
dich
auf

Maria Grünwald

Steine nicht nur auf den Straßen,
nicht nur auf Bergen und Feldern.
Steinhart sind die Herzen.
Ezechiel verspricht:
Gott will die steinernen Herzen erneuern.

*Ich schenke ihnen ein anderes Herz und schenke ihnen einen neuen
Geist. Ich nehme das Herz von Stein aus ihrer Brust und gebe ihnen ein
Herz von Fleisch.*

Ezechiel 11,19

*Ist einer unter euch, der seinem Sohn einen Stein gibt, wenn er um Brot
bittet?*

Matthäus 7,9

Auseinandersetzung mit einer mittelalterlichen Legende

Die Steinsuppe

Einmal kamen drei hungrige Soldaten in eine Stadt und suchten um Essen nach. Sie baten die Bürger freundlich, dann dringend! Schließlich forderten sie, daß diese Stadt sie, die Soldaten des eigenen Heeres, gefälligst zu ernähren habe. Die Bürger reagierten nicht. Im Gegenteil: Je drängender die Soldaten forderten, desto mehr verschlossen sich ihre Gesichter.

Da besorgten sich die Soldaten einen großen Kessel, füllten ihn geduldig mit Wasser und warfen mit auffälligen Gebärden einige Steine in den Topf. Dann machten sie Feuer.

Die Bürger aber konnten ihrer Einbildungskraft nicht widerstehen. Kaum glaublich, einige holten Karotten hervor, um den Geschmack zu verbessern, andere schlugen Salz vor, noch andere brachten Hafer, sogar Fleisch. Jeder machte sich Gedanken, wie man die Suppe verbessern könne und trug etwas zu dem merkwürdigen Unternehmen bei.

Am Ende hatten die Soldaten nicht nur die Suppe, sondern auch die Bewohner der Stadt zu einem fröhlichen, selbstlosen Fest zusammengebracht.

Hinweise zur Auseinandersetzung

Die Herzen gleichen den Steinen, hart und ungenießbar.
Wo sind Steine in unserer »Lebens-Suppe«?
Wo können wir mit Phantasie, Bereitwilligkeit, Teilen, diese »Suppe« verfeinern?
Wo lassen sich Steine weichkochen?
Das Ergebnis zeigt sich verlockend: ein fröhliches selbstloses Fest.

Symbolisch eine Suppe kochen

Steine, beschriftet mit trennenden verhärtenden Eigenschaften in einen Topf hineingeben, dann überlegen, welche anderen »erweichenden Zutaten« helfen könnten, die Suppe genießbar zu machen.

Das ganze ließe sich auch als eine Art Happening inszenieren. In einer symbolischen Handlung wird eine Suppe gekocht, wobei man versucht, Intentionen der Geschichte aufzunehmen. Anschließend wird das Fest mit der Suppe gefeiert.

Was wir mit Steinen tun

Bauen, schützen

Biblischer Befund

Jakob kehrte zurück in die Heimat,
baute ein Haus
für sich und die Seinen.

Genesis 33,17

Beim Einzug ins gelobte Land
erhielt Josua die Stadt
baute sie wieder auf,
Wohnstatt für viele.

Josua 19,50

Den Israeliten
hinweggeführt ins Exil
nach Babylon in die Fremde,
träumend von baldiger Heimkehr
getröstet von falschen Propheten,
ihnen schreibt Jeremia
sie ent-täuschend in ihren Hoffnungen,
ihre falschen Träume entlarvend:
Baut euch Häuser, pflanzt Gärten!
Vertut eure Zeit nicht in Trauer,
steckt eure Kraft nicht in falsche Träume!
Gestaltet euer neues Leben!
Das Wohl eurer Stadt
ist auch euer Wohl.
Wißt immer:
Ich will euer Heil, nicht euer Leiden.

Jeremia 29

Zieht durch die Tore ein und aus,
und bahnt dem Volk einen Weg!
Baut, ja baut eine Straße,
und räumt die Steine beiseite!
Stellt ein Zeichen auf für die Völker!

Jesaja 62,10

Sie machen Steine
und bauen eine Stadt
und einen Turm,
der bis zum Himmel reichen soll.
Sie bauen an ihrem Triumph,
an der Leiter ihrer Karriere.
Die Folge:
Keine Verständigung mehr möglich.

Genesis 11

Petrus spricht von den lebendigen Steinen,
aus denen die Gemeinde gebaut werden soll.

1 Petrus 2,5

Kreative Vorschläge

In der Bibel taucht das Bild des Bauens (mit Steinen) – wie die obige Zusammenstellung zeigt – in sehr unterschiedlichen Zusammenhängen auf – in positiven und negativen. Das sollte auch in der kreativen Auseinandersetzung zum Tragen kommen.

1. Mit Steinen bauen

Steine sehr unterschiedlicher Art, vor allem auch Kinderbausteine (z.B. Holzbausteine, Lego u.ä.) werden bereitgestellt. Jeder soll – allein oder mit anderen – irgend etwas bauen, was ihm spontan einfällt.
Anschließend kann man sich darüber unterhalten, was und warum man es gebaut hat.

2. Steine wegräumen – Straßen bauen

Ausgehend von dem Wort aus Jesaja 62,10 (s.o.), läßt sich eine Symbolhandlung durchführen.

1. Schritt: Die Gruppe steht an beiden Seiten, in der Mitte liegen größere Steine. Sie werden identifiziert, indem man zu den Steinen geht und sagt, was die Steine bedeuten, die wir zwischen uns errichten oder zwischen Menschen vorfinden. Z.B. dieser Stein liegt hier für Gleichgültigkeit gegenüber den anderen usw.
2. Schritt: Steine zur Seite räumen; dazu sagen, was helfen kann, solche Hindernisse zu beseitigen abzubauen.
3. Schritt: Eine symbolische Straße zueinander bauen und dabei Vorschläge für ein gutes Miteinander machen.

3. Erfolgs-Türme

Die Erzählung vom Turmbau zu Babel könnte Anlaß geben, einmal über die Methoden zu reden/nachzudenken, mit denen wir unsere Stufen auf der Erfolgsleiter, unsere Türme auf dem Weg zu Anerkennung und Ansehen, bauen.

Welche »Steine« benutzen wir hier?
Worauf errichten wir sie?
Was decken wir zu?
Verhältnisse, Menschen, eigene Bedürfnisse?
Was sind die Konsequenzen?

Wir tragen die Gedanken in Steine ein, die sich zu einem großen Bauwerk auftürmen.

Die Aufgabe läßt sich erweitern durch Erlernen und Weiterdichten des folgenden Liedes.

Wir bauen Türme

T/M: Arthur Thömmes

Wir bau - en Tür - me ü - ber uns hin - aus. Wir bau - en

Tür - me: hö - her als das Him-mels-zelt. Wir bau - en

Tür-me: hoch, ganz hoch hin - aus. Wir ver-baun mit Tür-men uns-re Welt.

1. Tür-me der Er-nied-ri-gung. Tür - me der Selbst - sucht.

Tür - me der Ein-sam keit. Tür - me der Angst.

2. Türme der Entmündigung. Türme der Herrschaft. Türme der Sklaverei. Türme der Not.
3. Türme der Überheblichkeit. Türme der Ohnmacht. Türme der Schuldigkeit. Türme der Macht.
4. ...

Werfen, steinigen, zerstören

Biblischer Befund

Im alten Gesetz
wurde hart gestraft:
Wer flucht, wird gesteinigt,
wer tötet, wird gesteinigt,
wer andere Götter verehrt, wird gesteinigt,
wer Ehebruch begeht, wird gesteinigt.
Du sollst das Böse aus deiner Mitte wegschaffen.

Deuteronomium 21,21

Immer wieder erregte Jesus Ärger
bei seinen Feinden.
Häufig lief er Gefahr,
gesteinigt zu werden.

Johannes 11,8

Stefanus entsprach nicht
den religiösen Vorstellungen,
als einen Gotteslästerer
steinigten sie ihn.

Apostelgeschichte 7,54-60

David nimmt Kiesel aus dem Bach,
tritt ohne Furcht zum Kampf
gegen den Philister,
der Gott geschmäht hat.
Mit Gottes Kraft besiegt er den Feind,
mit den Steinen aus seiner Schleuder.

1 Samuel 17

Erschreckend in allen Texten:
Sie fühlten sich im Recht.
Sie töteten oder steinigten im Namen Gottes.
Aber
Jesus sagt:
Wer von euch ohne Sünde ist,
werfe als erster einen Stein.

Johannes 8,7

Meditation/Gesprächsrunde

Es erscheint uns als brutal und grausam, Menschen zu steinigen, Menschen also
so lange mit Steinen zu bewerfen, bis sie daran sterben. Wir könnten uns nicht
vorstellen, dazu einen Stein in die Hand zu nehmen. Wie aber sehen die Steine aus,
mit denen andere uns oder wir sie psychisch treffen oder töten?

189

Fragen zur Meditation/zumGespräch:

Welches sind die Steine, die uns treffen/töten?
Welches sind die Steine, mit denen wir werfen/töten?

Wer im Glashaus sitzt,
soll nicht mit Steinen werfen.

Natürlich dumm,
so zu handeln.
Sofort
Steinwurf gegen Steinwurf.

Erst ein sicherer Ort,
ein fester Standplatz,
ein verdeckter Hinterhalt.
Hinter dem Rücken,
da wirft's sich besser:
Behauptungen, Vermutungen,
Gehörtes, Erwünschtes,
Halbwahrheiten, Verleumdungen.
Subtilere Steine,
aber treffsicher,
treffsicher und verletzend.

Steine im Weg

Auf dem Weg nach Golgatha
auf dem Gang nach Canossa
auf allen Wegen
liegen Steine
Felsblöcke
Kiesel
zum Werfen oder Stolpern

Auf dem Weg nach Golgatha
auf dem Gang nach Canossa
auf allen Wegen
liegen Steine
die uns zwingen
langsamer zu gehen
anzuhalten
Gestürzte zu stützen
nach dem eigenen Fall
das Aufstehen wieder zu lernen

Auf dem Weg nach Golgatha
auf dem Gang nach Canossa
auf allen Wegen
liegen
Steine
im
Weg

Margot Bickel

*J*osef (von Arimathäa) *kaufte ein Leinentuch, nahm Jesus vom Kreuz,*
wickelte ihn in das Tuch und legte ihn in ein Grab, das in einen Felsen
gehauen war. Dann wälzte er einen Stein vor den Eingang des Grabes …

Markus 15,46

Das Grab versiegelt
   – mit einem großen Stein.
Hoffnung zugemauert
   – mit einem großen Stein.
Pläne gescheitert
   – an einem großen Stein.
Träume begraben
   – unter einem großen Stein.

Wer wälzt den Stein von des Grabes Tür?

Gestaltungsaufgaben

Manchmal fühlen wir uns selbst mit unserem Leben, unseren Hoffnungen und Möglichkeiten wie in einem Grab. Als Akt der Bewußtmachung und kreativen Auseinandersetzung wollen wir »Steine vor unserem Grab« gestalten.
Die Technik ist beliebig. Man kann die Steine sehr real darstellen oder auch eine abstrakte Aussageform wählen.
Ein anschließendes Gespräch kann helfen, erahnte, bildhaft ausgedrückte Erfahrungen zu verstehen und über Möglichkeiten zu reden, wie wir vielleicht besser mit Steinen auf unserem Weg umgehen können.
Als Alternative oder vielleicht als hilfreiche Erinnerung und Weiterführung kann man auch den ganzen Lebensweg durchdenken und dabei überlegen und gestalten, welche Steine wir bereits überwunden haben.

Manche Steine
legen wir
uns selbst
in den Weg
und wundern uns dann,
wie schwer es ist,
voranzukommen.

H.J. Brüggemann/W. Klinkusch

*A*m ersten Tag der Woche kamen sie (die Frauen) in aller Frühe zum Grab, als eben die Sonne aufging. Sie sagten zueinander: Wer könnte uns den Stein vom Eingang wegwälzen? Doch als sie hinblickten, sahen sie, daß der Stein schon weggewälzt war; er war sehr groß.

Markus 16,3f.

Der Stein ist fort,
zur Seite geräumt,
abgewälzt,
der Weg ist frei,
neue Hoffnung,
neues Leben.

Das sage ich euch: Wenn jemand zu diesem Berg sagt: Hebe dich empor, und stürz dich ins Meer!, und er in seinem Herzen nicht zweifelt, sondern glaubt, daß geschieht, was er sagt, dann wird es geschehen.

Lukas 11,23

Aus einer Andacht:
Dieser Text sagt, daß der Widerstand in Ihrem Leben, jenes mächtige, gesteinsartige Hindernis, jene gewaltige Barriere gebrochen werden kann ... Bitten Sie Gott, er möge die Schwierigkeiten von Ihnen nehmen. Zweifeln Sie keine Sekunde, daß sich Ihre Bitte erfüllt, denn ›dieser Berg‹ soll nicht irgendwann verschwinden. Vertrauen Sie darauf, daß der Herr Sie jetzt davon befreit ...

Erzählung

Die Steinpalme

In einem Märchenbuch fand ich eine Geschichte, die nach einer Legende aus der Sahara entstanden ist. Sie ist zu umfangreich, um sie hier abzudrucken, aber ich möchte sie gekürzt wiedergeben.

Dicht am Strand stand eine merkwürdig geformte Palme. Sie war die größte und wirkte trotzdem gedrungen mit ihrem mächtigen Stamm und den starken Blattfächern. Wenn man genau hinschaute, entdeckte man, daß vor allem die Krone des Baumes ihn von den anderen unterschied. Die Blätter neigten sich zur Mitte hin, und dort im Herzen der Palme, wo sonst die neuen, hellgrünen Triebe aus der Mitte des Stammes nach oben drängen, lag ein mächtiger Stein.
Wie kam der Stein in das Herz der Palme?
Als die Palme noch ein ganz junger Schößling war, fühlte sie sich wohl an ihrem herrlichen Platz am Meer. Sie ahnte nichts von der Wüste, die wenige Meter hinter ihr war, wußte nichts von Wasserlosigkeit und Leere. Eines Tages taumelte ein fast verdursteter Mann

heran und suchte vergeblich nach trinkbarem Wasser. Als er den hoffnungsvollen Palmschößling sah, packten ihn Neid und Zerstörungswut. Er nahm einen Stein und preßte ihn mitten ins Kronenherz des jungen Baumes, um auch ihn zu töten.

Der Mann wurde von Kameltreibern gefunden. Der kleine Palmbaum aber war fast begraben unter der Last des Steines, die Blätter geknickt, das Herz gequetscht, der Stamm kurz vorm Zerbrechen. Er fühlte einen ungeheuren Schmerz und zunächst nichts als den Schmerz. Aber daneben regte sich eine erste kleine Welle von Kraft, die langsam gegen den Schmerz anwuchs und größer wurde. Die Palme versuchte nun, den Stein abzuwerfen. Sie bat den Wind, ihr zu helfen. Aber alle Anstrengung und Mühe waren umsonst; schon wollte sie sich in ihren frühen Tod fügen.

Doch dann nahm sie ihre Last an und bemühte sich – trotz des Steines – zu wachsen. Alle ihre Kraft steckte sie in ihre Wurzeln, die stärker und kräftiger wurden. Und eines Tages stießen sie auf eine Wasserader, die befreit als Quelle nach oben schoß und den Platz unter der Palme zu einem Ort der Freude und des Gedeihens machte. Die Palme selbst wurde immer mächtiger und größer. Man konnte meinen, die Fächerblätter legten sich liebevoll um den Stein herum.

Nach Pet Partisch

Steine
können auch
Herausforderungen sein

Herausforderungen
und Möglichkeiten

eine Möglichkeit
anzuhalten,
sich selbst zu entdecken

eine Möglichkeit
Grenzen zu sehen
Kraft zu erfahren

eine Herausforderung
durchzustehen
zu wachsen und zu reifen

Gedenk-Steine

Jakob ist auf der Flucht vor seinem Bruder Esau, den er um das Erstgeburtsrecht betrogen hat. Am Abend rastet er und legt einen Stein unter seinen Kopf. Er träumt von der Leiter, die in den Himmel führt und hört die erneute Zusage des Segens:

Jakob stand früh am Morgen auf, nahm den Stein, den er unter seinen Kopf gelegt hatte, stellte ihn als Steinmal auf und goß Öl darauf.

Genesis 28,10ff.

Josua ist auf dem Weg ins versprochene Land. Doch wo sonst die Furt durch den Jordan führt, hat er sich in einen reißenden Strom verwandelt. Auf Gottes Befehl nehmen die Priester die Bundeslade und gehen langsam ins Wasser. Es versiegt. Während die Lade mitten im Fluß steht, zieht das Volk ans andere Ufer:

Da rief Josua zwölf Männer, die er aus den Israeliten bestimmt hatte, aus jedem Stamm einen, und sagte zu ihnen: Geht vor der Lade des Herrn, eures Gottes, her bis zur Mitte des Jordan; dort soll jeder von euch einen Stein auf seine Schulter heben, so viele Steine, wie es Stämme der Israeliten gibt. Sie sollen unter euch ein Zeichen sein. Wenn euch eure Söhne morgen fragen: Was bedeuten diese Steine für euch?, dann antwortet ihnen: (Sie bedeuten,), daß die Fluten des Jordan vor der Bundeslade des Herrn wie abgeschnitten waren; als sie durch den Jordan zog, waren die Fluten des Jordan wie abgeschnitten. So sind diese Steine ein ewiges Erinnerungszeichen für die Israeliten. Die Israeliten hatten, was Josua befohlen hatte, und nahmen zwölf Steine mitten aus dem Jordan, so viele, wie es Stämme der Israeliten gab, wie es der Herr dem Josua befohlen hatte. Sie nahmen sie mit hinüber zu ihrem Rastplatz und stellten sie dort auf.

Josua 4,4-8

195

Denkmäler,
Grabsteine,
Erinnerungstafeln,
überall Gedenksteine.
Die einen rufen zurück
vergangene Zeiten,
Herrscher und Krieger,
Helden und Vorbilder,
fragwürdig oft.

Die andern auf Friedhöfen
erinnern an Menschen,
die wir kannten,
liebten, vermissen.

Steinerne Erinnerungen:
Wohnungen, Häuser, Städte,
bewohnt, belebt
und wieder verlassen.

Wohl auch Erinnerungssteine
in unserem Heim,
gefunden am Meer,
beim Wandern am Weg,
Zeichen glücklicher Stunden.

Sinnlos geworden viele.
Sie ragen zum Himmel
doch kein Trost,
keine Stütze,
keine Hoffnung.
Zeichen von Zerstörung,
Trümmer, Ruinen.

Der Friedhof in uns wächst.

Wo aber sind die Erinnerungssteine
an Erfahrungen mit Gott?

Wo ist der Stein,
der erinnert an den Trost in der Angst,
an die Hilfe in der Not?
Wo der Stein
mit dem ermutigenden Wort
in der großen Verzweiflung?
Wo sind sie aufgezeichnet,
die Erfahrungen von Rettung,
Kraft und Neubeginn?

Steine beschriften

Der vorhergehende Text möchte – angeregt durch die biblischen Beispiele – dazu ermuntern, sich Erinnerungssteine für gute Erfahrungen zu schaffen, die wir so leicht vergessen und die uns doch in schwierigen Zeiten stützen können als handgreifliche, »ewige Erinnerungszeichen«.
In einer Gruppe müssen Steine und geeignete Farben, Pinsel, Stifte und Klebstoff bereitgestellt werden. Man kann auch Steine – wo es möglich ist – gemeinsam sammeln oder mitbringen lassen. Nun sollte jeder selbst – vielleicht nach einem Gespräch über eines der Bibelworte oder den obigen Text – sich überlegen, wo es in seinem Leben solche Erfahrungen gibt, für die er einen Erinnerungsstein gestalten möchte, der ihm unter Umständen einmal zu einem Troststein werden kann.
Die Art der Gestaltung ist ganz freigestellt. Man kann die Steine mit einem Wort oder einem Satz beschriften, man kann sie aber auch anmalen, mit einem Symbol versehen oder auch in irgendeiner Weise zusammensetzen. Entscheidend ist nicht das Ergebnis als »Kunstwerk«, sondern, daß der Stein zu einem Erinnerungszeichen wird, das ich für mich errichte.

Schenke mir ein klares Gedächtnis für mein Wohlgefühl heute,
damit ich mich erinnere, wenn ich selbst mal elend bin ...

Aus einem Gedicht von Rosemarie Harbert

... ich lasse Wasser fließen ...

Jesaja 43,20

Bild des Wassers

Hinweise zum Aufbau und Gebrauch des Kapitels

Die Materialien und Vorschläge zur Beschäftigung mit dem Bild des Wassers sind nach folgenden Gesichtspunkten zusammengestellt:

Vielgestaltigkeit des Wassers
Erfahrungen mit Wasser
Wirkungen von Wasser
    Was Wasser alles kann
    Wasser als Gestaltungskraft
    Wasser als Bedrohung
    Wasser als Aufgabe
    Wasser ist Leben
    Wasser – Heilung und Erneuerung

Mit dem Bild vom Wasser verbinden wir sehr unterschiedliche Vorstellungen; diese hängen stark mit den Erfahrungen zusammen, die wir mit diesem Element gemacht haben.

Schon auf den ersten Seiten der Bibel, bei den beiden Schöpfungsgeschichten, begegnen uns die beiden extremen Erfahrungen und Einstellungen zum Wasser.

Im älteren Bericht (Genesis 2), der in Palästina entstanden ist, wird beschrieben, daß an allen vier Seiten des paradiesischen Gartens Flüsse entlanggeführt hätten, die ihn bewässern: Wasser als lebenswichtiges Element, knapp und kostbar, ein wunderbares Geschenk.

In Babylon dagegen, wo der jüngere Bericht (Genesis 1) entstand, waren die Wasser der Überschwemmungen lebensbedrohend. Hier bildet der Garten Eden den gegen die gewaltigen Urfluten geschützten Raum, in dem die Menschen sicher leben können.

Wasser als Lebenselement – Wasser als Lebensbedrohung, das sind die beiden großen Gegensätze; zwischen ihnen liegt eine ganze Spannbreite von positiven und negativen Erfahrungen.

Der erste Abschnitt dieses Kapitels versucht, die Vielgestaltigkeit der Erscheinungsformen von Wasser und der eigenen Erfahrungen damit durch unterschiedliche Methoden bewußtzumachen. Der beste Weg wäre natürlich die gemeinsame Beobachtung des Wassers an einem Bach, einem Fluß, einem See oder am Meer. Man könnte fühlen, wie es durch die Finger rieselt, wie es beim Waten um die Füße streicht; man könnte hören, wie es plätschert, rauscht, tropft oder auch braust und donnert; man könnte die vielen Färbungen vom hellen Türkis bis zum dunklen Blau bewundern, die Spiegelungen, das Glitzern und Gleißen sehen; man könnte unterschiedliches Wasser riechen und schmecken. Da diese Möglichkeiten meist mit einer Gruppe nicht bestehen, beschränkt sich der Abschnitt für diesen Zweck auf den Abruf von Erfahrungen und ein paar kleine Beobachtungsaufgaben.

Die übrigen Teile lassen sich sehr allgemein unter dem Obertitel »Wirkungsweisen von Wasser« zusammenfassen.

In den einzelnen Abschnitten geht es um all das, was das Wasser kann und bewirkt, z.B. die »Gestaltungskraft« von Wasser, die »Bedrohung« durch Wasser, das »Wasser als Lebenselement« und schließlich die »Heilung und Erneuerung«.

Die Reihenfolge dieser Wirkungen und Erscheinungsformen ist dabei relativ zufällig. Immer aber geht es sowohl um ihre wirkliche als auch um ihre symbolische Bedeutung.

In der formenden Kraft des Wassers sehen wir gleichzeitig die Formkraft des »Lebensstromes«, der an uns arbeitet, der uns aber auch vor Aufgaben stellt.

Die Bedrohung durch das Wasser symbolisiert die Schwierigkeiten und Probleme, denen wir ausgesetzt sind und in denen wir oft zu ertrinken scheinen. Sprichwörter und Redensarten benutzen immer wieder diese Bilder; und die Bibel ist voll solcher Hilfeschreie »Ertrinkender«.

Aber Wasser hat ja vor allem auch lebensspendende und heilende Wirkungen. Um diese geht es in den letzten Abschnitten. Zunächst steht die Erfahrung im Mittelpunkt: Wir sind auf Wasser angewiesen; Leben ohne Wasser ist unmöglich; Wasser kann Leben retten und erhalten. Deshalb spricht auch die Bibel immer wieder von der belebenden, erneuernden und rettenden Hilfe Gottes in Bildern vom Wasser, z.B.: Ich werde eine Straße durch die Wüste legen und lasse dort Ströme fließen (Jesaja 43).

In diesen Zusammenhang gehört auch das Wasser der Taufe als Sinnbild für dieses Handeln Gottes.

Vielgestaltigkeit des Wassers

Du läßt die Quellen hervorsprudeln in den Tälern,
sie eilen zwischen den Bergen dahin.
Allen Tieren des Feldes spenden sie Trank,
die Wildesel stillen ihren Durst daraus.
An den Ufern wohnen die Vögel des Himmels,
aus den Zweigen erklingt ihr Gesang.
Du tränkst die Berge aus deinen Kammern,
aus den Wolken wird die Erde satt.
Du läßt Gras wachsen für das Vieh,
Auch Pflanzen für den Menschen, die er anbaut,
damit er Brot gewinnt von der Erde …
Die Bäume des Herrn trinken sich satt …
Da ist das Meer, so groß und weit,
darin ein Gewimmel ohne Zahl: kleine und große Tiere.

Psalm 104,10-14,16,25

Assoziationen

1. Erscheinungsformen von Wasser

Die Aufgabe lautet, in Gruppen in fünf Minuten möglichst viele unterschiedliche Formen, in denen uns Wasser begegnet, zu sammeln. Anschließend stellt man sie im Plenum zusammen und malt sich passende Situationen der Begegnung mit Wasser aus. Man kann die Aufgabe dann so erweitern, daß jede(r) zu einer der Wasserformen ein Bild malt.

Möglichkeiten: Wassertropfen, Regentropfen, die kleine Quelle, der murmelnde Bach, die plätschernden Wellen, die sich auftürmenden riesigen Wogen, der sanft fließende Strom, der reißende Strom, die tosende Brandung, die Wasserlache, der labende Regen, der Wolkenbruch, der tosende Wasserfall, der munter springende Bergbach, der abgestandene Tümpel, verschmutztes Wasser, der stille See, das aufgewühlte Wasser, die Sturmflut, die Tränen der Freude oder der Trauer, der zuwachsende Teich, der tiefe Bergsee, die sprühenden Tropfen eines Wasserfalls, der Nebel, der Tau vom Himmel, das gefrorene Wasser als Schnee, Hagel oder Regen usw.

Die folgenden Vorschläge zeigen ungewohnte Möglichkeiten, Assoziationen zum Thema zu sammeln.

2. »Wasserkarte« malen

Mit diesem Vorschlag ist ein verändertes Brainstorming gemeint. Man malt in die Mitte eines großen Blattes einen blauen Bereich (evtl. mit Wellen) als Zeichen für Wasser. Von diesem läßt man »Ströme« fließen, d.h. die Gedanken, die sich bei dem Wort Wasser einstellen (Quelle, Trockenheit, Überschwemmung, waschen, trinken usw.), werden als Haupt- und Nebenflüsse, Bäche oder Seen in alle Richtungen entwickelt. Jeder kann einen neuen Fluß strömen lassen, bereits bestehende Flüsse werden weiter verästelt. So erhält man ein vielseitiges Bild von dem, was wir mit Wasser verbinden; gleichzeitig ergeben sich ganz selbstverständlich Gruppierungen, und man muß nicht erst nach dem Brainstorming die gesammelten Einfälle ordnen.

3. »Quellen breiten sich aus«

Man hängt für jeden Teilnehmer ein großes weißes Blatt an die Wand. Nun wird die Aufgabe vorgestellt. Sie sollte vielleicht etwas ausführlicher erläutert werden, damit unterschiedliche Ausgangsgedanken auftauchen:

Was fällt euch ein, wenn ihr das Wort »Wasser« hört?
Was kann man damit machen?
Was tut Wasser?
Wozu braucht man Wasser?

Nun notiert jede(r) eine Idee (eine »Quelle«) zum Thema auf seinem Blatt. Anschließend wechselt man zum Blatt des Nachbarn und versucht, die Quelle weiter fließen zu lassen, d.h. dessen Gedanken anzureichern mit eigenen Ideen. Nach drei bis fünf Minuten wird wieder rotiert, bis jeder an jedem Blatt gewesen ist. – Die Methode macht Spaß und regt dazu an, sich mit fremden Stichworten und Gedanken weiter zu befassen.
Um Überschneidungen zu vermeiden, kann man auch »Quellen« vorgeben und dann mit dem rotierenden System arbeiten.

4. Collage herstellen

Man sammelt zum allgemeinen Thema »Wasser« Material aus Zeitungen und Illustrierten und stellt sie zu einem Bild zusammen. Ergänzungen durch Zeichnungen oder Worte sind möglich.

Erfahrungen mit Wasser

Erfahrungen machen

Ideal ist es, wenn man miteinander in die Natur gehen und gemeinsam Erfahrungen mit Wasser machen kann, sei es an einem See, Bach, Fluß oder am Meer. Falls dies möglich ist, könnte man die Begegnung und das ganzheitliche Erlebnis intensivieren, indem man Beobachtungsaufgaben für alle Sinne stellt. Das Ergebnis bleibt allerdings auch hier notgedrungen einseitig, da jedes Gewässer andere Eindrücke vermittelt.

1. Probiert aus, wie unterschiedlich sich das Wasser anfühlt, je nachdem, wie und womit man es berührt (z.B. durch die Finger rieseln lassen, mit der Hand draufschlagen, durchs Wasser waten usw.).

2. Hört, welche verschiedenen Geräusche Wasser machen kann. Beschreibt sie, versucht sie mit dem Mund nachzumachen.

3. Seht euch die unterschiedlichen Färbungen, Spiegelungen und Lichtspiele auf dem Wasser genau an.

4. Riecht und schmeckt (soweit ratsam) am Wasser. Riecht an unterschiedlichen Wassern.

Erfahrungen abrufen

Erfahrungen, die mit Wasser gemacht werden/wurden sind sehr verschieden. Das hängt von der Situation ab, in der wir mit Wasser zu tun haben und von der Art bzw. dem Zustand, in dem uns das Wasser begegnet, sei es als Quelle, als reißender Strom, als kühlender Trunk oder als Sturmflut. Und auch da spielt es eine große Rolle, in welcher Weise der einzelne dies erlebt. Diese unterschiedlichen Erfahrungen und Gefühle gilt es abzurufen.

1. Wellen

Gerade Wellen werden sehr unterschiedlich erlebt. Wie der einzelne auf sie reagiert, kann viel über sein Verhältnis zu Wasser zeigen. Die folgende Übung kann helfen, diese z.T. unbewußten Gefühle hervorzulocken und ins Bewußtsein zu rufen. Von einer Kassette werden Wellengeräusche abgespielt, solche von leise plätschernden, aber auch von kräftigen, sich wild überschlagenden Wellen.

Die Teilnehmer werden aufgefordert, auf bereitliegendem Papier mit Farben (gut geeignet sind Fingerfarben) die Gefühle zu malen, die die Wassergeräusche bei ihnen hervorrufen. Es geht dabei nicht um Kunstwerke, auch nicht darum, bestimmte Situationen zu malen – obwohl auch das möglich ist. Wir wollen nur den Erinnerungen oder Träumen, die beim Rauschen der Wellen in uns auftauchen, nachspüren und die Empfindungen, die sie wachrufen, in Farben und Formen ausdrücken.

Anschließend werden die Bilder aufgehängt, jedoch wird nicht Stellung zu den Bildern der anderen genommen. Es geht vor allem um die Selbsterfahrung. Wer will, kann jedoch sein Bild erläutern und über die dahinterliegenden Erfahrungen sprechen.

2. Unterschiedliche Wassergeräusche

Wassergeräusche möglichst unterschiedlicher Art werden – immer über eine etwas längere Zeit – von der Kassette abgespielt. Einige lassen sich, was natürlich noch sinnvoller ist, direkt im Raum hervorrufen. Die Zuhörer werden gebeten, die Augen zu schließen und sich ganz auf die Geräusche zu konzentrieren, sie auf sich wirken zu lassen, ihnen in der Phantasie nachzugehen und sie evtl. mit eigenen Erfahrungen und Erinnerungen zu verknüpfen.

Nach jeder Einspielung macht man eine Pause und fordert die Teilnehmer auf, zu notieren, welche Vorstellungen sie jeweils mit den Wassergeräuschen verbunden haben oder welche Erfahrungen ihnen dabei eingefallen sind.

Anschließend tauscht man sich über seine Eindrücke aus. Man kann evtl. auch bestimmte Geräusche wiederholen, um Gedanken und Erfahrungen gemeinsam anzureichern.

Eine andere Möglichkeit ist es, jedem Teilnehmer Papier und Farben (sehr gut geeignet: Fingerfarben) bereitzulegen. Nach einem ersten Anhören der verschiedenen Wassergeräusche, werden die Teilnehmer aufgefordert, beim zweiten Hören ganz spontan die zu einem Geräusch kommenden Gefühle oder Vorstellungen zu malen. Das kann ganz abstrakt sein, lediglich ein Ausdruck der Empfindungen, kann jedoch auch eine Situation darstellen.

3. Arbeit mit Bildern/Fotosprache

Man legt eine ganze Auswahl von »Wasser-Bildern« aus, oder man läßt die Gruppe vorher sammeln (z.B. Sturmflut, Wasserfall, verkrustete Erde u.a.). Alle betrachten die Bilder in Ruhe, dann sucht sich jeder ein Bild aus, das ihn besonders anspricht. Jeder vertieft sich eine Weile in sein Bild, anschließend stellt er es im Plenum vor und erläutert, warum er es gewählt hat. Das kann die Verknüpfung mit eigenen Erfahrungen sein; es wäre jedoch auch möglich, daß ihm nur das Foto besonders gefallen hat; oder man fühlt sich fasziniert von der Gewalt, die aus einem Wasserbild spricht usw. Aus den Berichten können sich Gespräche entwickeln.

4. Momentaufnahme

Auch hier arbeitet man mit Bildmaterial, jedoch mit einem einzigen Bild. Dieses Foto, Poster oder auch Kunstbild zum Thema Wasser wird aufgehängt, und man läßt es zunächst eine Weile stumm wirken. Dann wird jeder aufgefordert, spontan etwas dazu aufzuschreiben. Die Zeit sollte vereinbart werden, etwa fünf Minuten.

Hilfsfragen: *Was sagt mir das Bild?*
Welche Erinnerungen weckt es?
Was bedeutet es für mich?
Regt es mich zu Träumen an?
Fällt mir eine Geschichte dazu ein?

Wirkungen von Wasser

Was Wasser alles kann

1. Satzreihen bilden

Wasser hat sehr unterschiedliche Wirkungen. Sie hängen ab von der Menge und Intensität der Einwirkung, vom Moment und der Art seines Einsatzes.

Wasser kann Verdurstende am Leben erhalten, Durstende erquicken, Erhitzte erfrischen, vertrocknende Pflanzen wieder beleben. Es kann also Leben bringen und erhalten. – Es kann jedoch auch Leben zerstören, z.B. bei Überschwemmungen oder Sturmfluten, durch Erosion bei Dauerregen oder riesigen Wellen im Meer. – Aber nicht immer zerstört es, oft gestaltet es auch nur neu. Man denke an Höhlen, die durch Wasser geformt wurden, an die immer wieder neue Gestaltung des Strandes durch die Wellen oder auch an die Steine im Wasser, die durch die Bewegung und Reibung glatt und rund werden. – Schließlich kann das Wasser reinigen, Schmutz wegspülen, erneuern und oft auch heilen.

Um die Vielfalt dieser Möglichkeiten zu sammeln, bildet man Satzreihen unter dem Motto »Was Wasser alles kann«.

Wasser kann . . . .

Wasser kann . . . .

Wasser kann . . . .

2. Wirkungen von Wasser erspüren – Erlebnisparcours

Statt über diese Wirkungen des Wassers nur zu reden, sollte man eine Art Erlebnisparcours aufbauen, auf dem die Wirkungen ein Stück weit nachempfunden werden. Jeder durchläuft diesen Parcours, anschließend spricht man über die gemachten Erfahrungen. Bei dem Aufbau sind der Phantasie keine Grenzen gesetzt.

Beispiele:

- Um das Löschen des Durstes zu demonstrieren, könnte man zunächst etwas sehr Scharfes anbieten und später Wasser zum Trinken;
- es könnten Töpfe mit relativ trockenen Pflanzen aufgestellt werden, die begossen werden;
- man muß etwas sehr Schmieriges anfassen und hat dann die Möglichkeit, sich zu waschen;

- große Hitze wird erzeugt, anschließend kann man die Stirn mit Wasser kühlen;
- man läßt verschiedene Dinge aufs Wasser legen und probiert, was getragen wird, was untergeht;
- irgendwelche schönen, empfindlichen Dinge werden hergestellt und durch starke Wassergüsse zerstört;
- man läßt Wassertropfen auf eine heiße Platte fallen und beobachtet, wie sie verdampfen;
- man bekommt ein Stück Eis in die Hand und erlebt, wie es sich verflüssigt;
- man stellt zwei Schalen mit Steinen auf: kantige, spitze, eckige und Steine aus einem Bach oder Meer, die gerundet sind und wie Handschmeichler empfunden werden: Vergleich der Steine;
- man läßt Wassertropfen auf Flecken von relativ frischer Wasserfarbe fallen und beobachtet die Wirkung (vgl. u. S. 210 Naß-in-Naß-Malen) usw.

Wasser als Gestaltungskraft

Du hast, o Gott, uns geprüft,
und uns geläutert, wie man Silber läutert.
Du brachtest uns in schwere Bedrängnis
und legtest uns eine drückende Last auf die Schulter.
Du ließest Menschen über unsere Köpfe schreiten.
Wir gingen durch Feuer und Wasser.
Doch du hast uns in die Freiheit hinausgeführt.

Psalm 66,10-12

Wir gingen durch Wasser …
Die Wasser gingen über uns hinweg …
Wir wurden hin- und hergespült …
Schlacken wurden ausgewaschen …
Wir wurden geformt, verändert …

Trotzdem wehren wir uns
gegen diese Fluten.
Veränderung ist schmerzhaft,
Reifen ist schwer.

Schau auf den Strand,
Muster und Furchen im Sand,
wie kleine Wellen hingezaubert,
dazwischen Steine und Muscheln.

Die Flut kommt und geht.
Nichts ist mehr, wie es war,
neue Muster, neue Wellen,
alles ist anders, alles neu.

stein im meer
wasser rauscht über ihn weg
spült ihn hin und her

du hörst ihn knirschen
hörst ihn rollen
schleudern in den wellen

er reibt sich an anderen
tage und jahre
schleift ecken und kanten ab
wird geformt und poliert

schmeichelnd liegt er in der hand

Das Leben und die Wellen haben eines gemeinsam:
sie treiben etwas an und spülen etwas anderes weg
denn wenn die Flut kommt
spülen die Wellen die Sandburgen weg
aber sie treiben vielleicht auch ein Stück Holz an
mit dem jemand das Dach seiner Hütte
ausbessern kann.

Margot Bickel

Sehr schöne und spielerische Erfahrungen über den Umgang mit Wasser (und Farben) kann man beim Naß-in-Naß-Malen machen. In zierlicher, aber auch eindrucksvoller Weise zeigen sich die Gestaltungskraft und Dynamik des Wassers. Man braucht dazu Wasserfarben und Pinsel, außerdem weißes, nicht zu dünnes Papier. Das Papier wird mit dem Pinsel zunächst mit klarem Wasser naßgestrichen. Dann werden mit Farbe Tropfen, Striche, Muster auf die nasse Fläche gemacht. Man kann beobachten, wie sich die Farbe im Wasser ausbreitet; man kann andere Farben und Muster daneben setzen und zuschauen, wie das Wasser die Farben vermischt und verbindet. Schließlich kann man diese Vorgänge auch sehr gezielt beeinflussen.

Wasser als Bedrohung

*H*ilf mir, Gott!
Flut geht mir bis an die Kehle!
versinke im brodelnden Schlamm,
meine Füße finden keinen Halt.
Ich treibe ab in tiefes Wasser,
die Strömung reißt mich mit sich fort!
Bis zur Erschöpfung habe ich geschrien,
meine Kehle ist ganz entzündet.
Meine Augen sind müde geworden
vom Ausschauen nach dir, meinem Gott …
Entreiß mich dem Sumpf,
damit ich nicht versinke.
Zieh mich heraus aus dem Verderben,
aus dem tiefen Wasser!
Laß nicht zu, daß die Flut mich überschwemmt,
die Tiefe mich verschlingt,
der Brunnenschacht über mir seinen Rachen schließt.

Psalm 69,2-4,15-16

wasser steigen
fluten stürzen
abgründe gähnen

gebannt starrend
unfähig zu handeln
preisgegeben

ein schrei nur:
herr
eine arche!

Du hast mich in die Tiefe geworfen,
in das Herz der Meere;
mich umschlossen die Fluten,
all deine Wellen und Wogen
schlugen über mir zusammen …
Das Wasser reichte mir bis an die Kehle,
die Urflut umschloß mich;
Schilfgras umschlang meinen Kopf.   Jona 2,4+6

Assoziationen

Assoziationen sammeln zum Wasser als Bedrohung. Situationen beschreiben, mit
Worten ausmalen oder gestalten.

Redensarten vom bedrohenden Wasser

- Das Wasser steht mir bis zum Hals.
- Die Wogen schlagen über mir zusammen.
- Ich gerate in einen Strudel.
- Der Sog zieht mich hinab.
- Von Emotionen überflutet oder überschwemmt werden.
- Nach einem Rettungsring ausschauen.
- Den Boden unter den Füßen verlieren.
- Im Morast versinken.
- Gegen den Strom schwimmen.
- Steter Tropfen höhlt den Stein.

Über die wörtliche und die übertragene Bedeutung dieser Redensarten nachdenken; Situationen ausdenken, in denen sie zutreffen; darüber reden, sie gestalten oder spielen.

Herstellung einer Collage zur Redensart »Mir steht das Wasser bis zum Hals«

In die Mitte eines Blattes wird die große, vereinfachte Figur eines Menschen gestellt (Strichzeichnung oder Umrißfigur). Um sie herum werden entweder mit Bildern, mit Bildern und Worten oder auch nur mit Worten all die Schwierigkeiten dargestellt, die man als bedrohende Wasserfluten empfindet (s. Abb. S. 213).

*H*ätte der Herr uns nicht beigestanden
– so soll ganz Israel bekennen –,
hätte der Herr uns nicht beigestanden,
immer wenn Menschen uns überfielen
und ihre Wut an uns auslassen wollten,
so wären wir schon längst von der Erde verschwunden.
Die Fluten hätten uns überrollt,
das schäumende Wasser hätte uns gepackt,
der Sturzbach uns mit sich fortgerissen.   Psalm 124,1-5

Hätte der Herr mir nicht beigestanden,
was wäre aus mir geworden?

Immer wieder überfielen mich Dunkel,
Depression und Verzweiflung.
Sie nahmen mich in ihre Krallen,
sie drohten, mich zu ersticken.

Hätte der Herr mir nicht beigestanden,
was wäre aus mir geworden?

Die Fluten der Angst hätten mich
überrollt und hinweggespült.
Die Sturzbäche der Verzweiflung
hätten mich entwurzelt.
In der Wasserwüste der Einsamkeit
wäre ich verloren gewesen.

Verlust
Angst
Schulden
Krankheit
Depression
Verlassenheit
Schuld
Versagen
Einsamkeit
Ärger

Er griff aus der Höhe herab und faßte mich,
zog mich heraus aus gewaltigen Wassern.

Psalm 18,17

Biblische Wasser-Geschichten und Wasser-Worte

Am Schilfmeer
Exodus 14

Hinter ihnen die Feinde,
vor ihnen die Wasser des Meeres.

Hinter mir der Zusammenbruch,
vor mir die Wogen der Verzweiflung.

Gott schickt den Wind,
der die Wasser vertreibt.
Er zeigt den Weg,
wo eben noch Untergang.

Sintflut
Genesis 6-9

Er verläßt sich auf Gott,
er vertraut auf Gott,
er hört auf Gott.

Die anderen grinsen,
die anderen spotten,
er baut die Arche,
die ihn rettet vor den Wassern.

Fluten hohe Wasser heran, ihn werden sie nicht erreichen.

Psalm 32,6

Sturm auf dem See
Markus 4,35ff.

Winde brausen,
Wellen toben,
das Boot tanzt
über dem Abgrund.

Wo ist Hilfe?
Wo ist Rettung?

Er schläft.
Vertrauen.

*Fürchte dich nicht, denn ich habe dich ausgeiöst,
ich habe dich beim Namen gerufen,
du gehörst mir.
Wenn du durchs Wasser schreitest, bin ich bei dir,
wenn durch Ströme, dann reißen sie dich nicht fort.*

Jesaja 43,1+2

Petrus
Matthäus 14,22ff.

Ich gehe,
ich gehe,
ich kann gehen,
ich kann allein gehen,
ich kann gehen über Steine und Berge,
gehen über Wasser und Wellen.

Plötzlich die Angst.
Die Steine sind zu spitz,
die Berge zu steil,
das Wasser zu tief,
die Wellen zu hoch.

Herr, ich versinke!
Und er reichte ihm die Hand.

Vgl. hierzu die Texte auf S. 77 u. S. 109

Bedrängnis

Traum oder
Wirklichkeit
fliehen will ich
meine Gegner
verfolgen mich
laufen will ich
und komm nicht
vom Fleck
schreien will ich
die Stimme gehorcht
mir nicht
schwimmen will ich
die Wellen schlagen
über mir zusammen

Herr
wann gebietest Du
den Widersachern
dem Wind
und dem
Meer

Maria Grünwald

Wasser als Aufgabe

Zwei literarische Texte – Anregungen zum Gespräch und zur Gestaltung:

Herr Keuner und die Flut

Herr Keuner ging durch ein Tal, als er plötzlich bemerkte, daß seine
Füße in Wasser gingen. Da erkannte er, daß sein Tal in Wirklichkeit
ein Meeresarm war und daß die Zeit der Flut herannahte. Er blieb
sofort stehen, um sich nach einem Kahn umzusehen, und solange er
auf einen Kahn hoffte, blieb er stehen. Als aber kein Kahn in Sicht
kam, gab er diese Hoffnung auf und hoffte, daß das Wasser nicht

216

mehr steigen möchte. Erst als ihm das Wasser bis ans Kinn ging, gab er auch diese Hoffnung auf und schwamm. Er hatte erkannt, daß er selber ein Kahn war.

Bertolt Brecht

Ein reicher Athener machte mit anderen eine Seefahrt. Als ein heftiger Sturm aufkam und das Schiff kenterte, suchten sich alle anderen durch Schwimmen zu retten. Der Athener aber, der bei jeder Gelegenheit die Athene anrief, gelobte ihr wunder was, wenn sie ihn rette. Da sagte einer von den Schiffbrüchigen, der in der Nähe schwamm: »Beten kannst du zu Athene, aber du mußt auch schwimmen!«

Aesop

Die beiden Texte zeigen auch das Wasser als Bedrohung, aber die Pointe ist eine andere. Sie machen bewußt, daß das »Kahn-Sein« bzw. das Schwimmen eine Aufgabe ist, die das Leben stellt. Nicht nur für das Geformtwerden, das wir hinnehmen müssen, kann das Wasser uns Abbild sein, sondern auch für die Aufforderung, dem Wasser zu widerstehen, es zu überwinden.
In einem Gespräch über einen der Texte, könnte man gemeinsam überlegen, welche Erfahrungen wir mit dem Schwimmenlernen bereits gemacht haben, welche Möglichkeiten es gibt, »Kahn« zu sein.
Dabei sollte man auch bedenken, daß ein Kahn nicht nur einen Menschen trägt, sondern auch Rettung oder Hilfe für andere sein kann.
Damit das Gespräch nicht allgemein bleibt, sondern konkrete Schritte überlegt werden, könnte man einen Kahn malen oder gestalten und diesen mit Vorschlägen oder auch Wünschen füllen, d. h. im Bild: man sammelt Bretter für einen Kahn.

Beispiele:
— Ich hätte Zeit, mit jemand spazieren zu gehen.
— Ich habe die Erfahrung gemacht, daß ein Anruf in einer verzweifelten Situation Wunder wirken kann.
— Verzweiflung herausschreiben, d.h. einfach aufschreiben, das wirkt wie ein Brett zum Festhalten.

Vgl. in diesem Zusammenhang den Text »schwimmen« S. 108

Wasser ist Leben

Wasser im Alltag

Wir sammeln Assoziationen zu den Fragen, wann und wo wir jeden Tag Wasser benötigen. Wir überlegen, wozu wir es gebrauchen und wie wir damit umgehen. Mit Kindern kann man diese Sammelarbeit sehr gut in Form von Pantomimen durchführen. Jedes Kind darf eine alltägliche Verwendung von Wasser vorspielen, und die anderen müssen erraten, was gemeint ist.
Eine nonverbale Zusammenstellung der Assoziationen ist durch eine Collage unter dem Stichwort »Wasser im Alltag« möglich (vgl. unten).

Wasser als Lebenselement

Um Kindern das Wasser als wichtiges Lebenselement bewußtzumachen, kann man sie selber zu dieser Entdeckung führen. Man erzählt die Geschichte von einem kleinen bösen Kobold, der die Menschen bestrafen will, weil ihn einer von ihnen ausgelacht hat. Zur Strafe vergiftet er alles Wasser auf der Erde.

Was heißt das?
Wo überall spürt man es?
Was ist alles nicht mehr möglich?
Wer leidet alles darunter?

Diese Fragen regen die Kinder dazu an, Beispiele zu suchen für die Lebensnotwendigkeit von Wasser, für die Abhängigkeit allen Lebens von ihm.
Sicher wird heute auch schon anklingen, daß wir diesen Kobold gar nicht mehr brauchen, sondern daß wir Menschen auf dem besten Weg sind, unser Wasser selber zu vergiften.

Die Elenden und Armen suchen Wasser,
doch es ist keines da;
ihre Zunge vertrocknet vor Durst.
Ich, der Herr, will sie erhören,
ich, der Gott Israels, verlasse sie nicht.
Auf den kahlen Hügeln lasse ich Ströme hervorbrechen
und Quellen inmitten der Täler.
Ich mache die Wüste zum Teich
und das ausgetrocknete Land zur Oase.   Jesaja 41,18

In der Wüste der Angst,
in der Dürre der Einsamkeit,
umgeben von Steinen der Verzweiflung,
rissig geworden, ausgetrocknet,
tot, ohne Hoffnung auf Leben,
abgeschnitten von der Quelle,
dürstend nach Wasser,
schreie ich zu Gott:

Laß Tau vom Himmel fallen,
schick einen Regen,
sende Wasser,
nur ein schmales Rinnsal,
laß mich nicht verdursten.

Und er verspricht:
Schau nicht auf die Wüste,
sieh nicht auf die Dürre.
Nicht nur Tau und Regen,
nicht nur Tropfen und Rinnsal
warten auf dich.
Fülle will ich schenken,
Quellen sollen hervorbrechen
Ströme sollen fließen,
Ströme des Lebens.

Und Neues beginnt,
wächst aus verkrusteter Erde.

Ivan Steiger

*Ich will Wasser gießen auf das Durstige und Ströme auf das Dürre:
ich will meinen Geist auf deine Kinder gießen und meinen Segen auf deine Nachkommen, daß sie wachsen sollen wie Gras zwischen Wassern
und wie die Weiden an den Wasserbächen.*

Jesaja 44,3-4

In der Bibel wird oft von Quellen und Strömen geredet, die das Land neu
bewässern, die die Wüste in einen Garten verwandeln sollen. Vor allem die
Propheten haben zugesagt, daß Gott am Volk Israel bei der Rückkehr aus Babylon
so handeln will. Ivan Steiger gelingt es mit nur wenigen Mitteln und in ganz
einfacher Form, diese Zusage ins Bild zu setzen.
Er zeigt nur einen Gärtner, der Blumen gießt. Aber dieser Gärtner, der Gott
symbolisiert, geht nicht vorsichtig von einer Pflanze zur anderen, um ihr ein
bestimmtes Maß an Wasser zuzumessen. Mit weitausholender Gebärde und zwei
Kannen gleichzeitig gießt er verschwenderisch aus. Die Freude an dieser Ver-
schwendung steht ihm ins Gesicht geschrieben. Und die Folge seiner Zuwendung
ist, daß die traurig hängenden und vertrocknenden Blumen wieder sprießen und
blühen.

Die Karikatur strahlt eine große Fröhlichkeit aus. Sie vermittelt das Gefühl von Fülle und Wachstum, aber ebenso von der Fürsorge und Freude des Gärtners.

Man kann sie – dem von Steiger zugefügten Bibelwort entsprechend – auf die Situation Israels oder allgemein auf die Zusage neuen Lebens nach schwierigen Zeiten beziehen.

Man kann sie jedoch auch auf das einzelne Leben anwenden. Eine Zeile aus Jesaja 58,11 würde dazu passen: »Du gleichst einem bewässerten Garten ...« Der folgende Vorschlag versteht die Zusage in dieser Weise.

Wir gehen davon aus, daß es auch bei uns Zeiten gibt oder gab, wo unser »Garten« ziemlich brach lag oder liegt. Wir meinen dann, alles sei tot, eingetrocknet, dürr. Nichts wächst mehr, keine Blume blüht als Zeichen der Freude und Erfüllung.

Wir können aber auch die Erfahrung machen – oder wünschen sie uns –, daß wir »begossen werden«, daß Kraft und Leben in uns einströmen. Es kann Neues wachsen und blühen; aus uns wird ein »bewässerter Garten«.

Oft liegt es aber auch an uns, daß wir so wenig Lebendigkeit spüren. Wir nehmen all die kleinen Blumen, die überall aus dem Boden sprießen, gar nicht bewußt wahr. Vielleicht erscheinen sie uns als zu unscheinbar oder als zu selbstverständlich, statt daß wir jede freudig begrüßen. So kümmern sie vor sich hin.

Die Karikatur kann uns dazu helfen, diese Blumen, die kleinen und großen Freuden, Erfahrungen und Entdeckungen zu erkennen.

Wir übertragen die Karikatur auf ein großes Blatt, schreiben um jede Blume – oder möglichst viele – herum, wofür sie steht. Das kann etwas sein, das bei uns im letzten Jahr, in den letzten Monaten oder Wochen neu hervorgebrochen ist, was tot war oder von dessen Existenz wir vielleicht gar nichts ahnten. Oder es können einfach Dinge sein, die selbstverständlich zu unserem Alltag gehören, die wir aber neu als kleine Wunder und Geschenke entdecken konnten. Die Blumen mit den hängenden Köpfen können dann vielleicht Aufforderungen sein, noch mehr von ihnen zum Leben zu verlocken.

Diese Ausgestaltung der Karikatur kann jede/r für sich machen, oder man malt ein riesiges Poster, auf dem alle Platz für die Benennung ihrer Blumen finden. Vielleicht hilft das anderen, neue Blumen auch bei sich zu entdecken.

Die Gestalt des Gärtners kann dabei immer wieder an die Zusagen Gottes erinnern.

Ein *Tip zur Vergrößerung* der Karikatur auf Postergröße: Man stellt mit Hilfe eines Kopiergerätes eine Folie von der Karikatur her und wirft sie mit einem Tageslicht-projektor auf das an der Wand befestigte weiße Poster. Nun lassen sich die Striche leicht mit einem dicken schwarzen Stift nachziehen.

Wasser aus dem Felsen
Numeri 20

Der Weg durch die Wüste
ohne Wasser, ohne Leben.
Nur Sand und Steine,
Hitze und Schwäche.

Ausgetrocknet, verdorrt,
zum Tode verurteilt.
Nirgends Hilfe,
nirgends Rettung.

Das Unmögliche
wird wahr.
Aus dem Fels
sprudelt Wasser.

Auch umgeben von Steinen
gibt es immer wieder Quellen.

Jesus antwortete ihr: Wer von diesem Wasser trinkt, wird wieder Durst bekommen; wer aber von dem Wasser trinkt, das ich ihm geben werde, wird niemals mehr Durst haben; vielmehr wird das Wasser, das ich ihm gebe, in ihm zur sprudelnden Quelle werden, deren Wasser ewiges Leben schenkt.

Johannes 4,13-14

Gestaltung und Symbolhandlung

Die Zusagen, die in vielen Worten der Bibel mit dem Wasser verknüpft sind, kann man in besonderer Weise vertiefend aufnehmen. Zunächst stellt man eine Reihe von ihnen zusammen, liest und bedenkt sie.
Sodann schreibt und gestaltet man sie auf Karten, die man evtl. in Tropfenform schneidet, um die Assoziation mit Wasser zu verstärken. Jeder wählt sich dazu einen oder mehrere Sprüche aus – je nach vorgesehener Zeit. (Zur Möglichkeit der Gestaltung vgl. S. 80.) Alle fertigen »Wasser-Worte« werden in einem Gefäß, das den Brunnen symbolisiert, gesammelt.

Im Rahmen einer Meditation oder einer kleinen Feier – das abgedruckte Lied S. 226 f. eignet sich besonders zur Gestaltung – darf jede(r) zum Brunnen kommen und »Wasser schöpfen«, d.h. eines der Worte als Zusage für sich herausholen und mitnehmen.

Geeignete Bibelstellen:
Z.B.: Psalm 18,17; 23,2; 65,10; 66,12; Jesaja 12,3; 41,18; 43,2a; 44,3; 58,11; Hosea 14,6; Johannes 4,14.

Wasser – Heilung und Erneuerung

Als der Herr das Los der Gefangenschaft Zions wendete,
da waren wir alle wie Träumende.
Da war unser Mund voll Lachen
und unsere Zunge voll Jubel.
Da sagte man unter den andern Völkern:
»Der Herr hat ihnen Großes getan.«
Ja, Großes hat der Herr an uns getan.
Da warem wir fröhlich.

Wende doch, Herr, unser Geschick,
wie du versiegte Bäche wieder füllst im Südland.
Die mit Tränen säen,
werden mit Jubel ernten.
Sie gehen hin unter Tränen
und tragen den Samen zur Aussaat.
Sie kommen wieder mit Jubel
und bringen ihre Garben ein.

Psalm 126

Mit Tränen säen …
Herr, das kenne ich.
Unter Trauer und Weinen
gehe ich meinen Weg.
Manchmal scheine ich mich dem Tod näher
als dem Leben,
verzweifelt und ohne Hoffnung.

»Sein wie die Träumenden …
mit Freuden ernten ..«
So lauten deine Verheißungen.
Von Jubel und Lachen ist die Rede,
von den großen Wundern,
die du an uns tust.

Ich aber fühle mich wie ein versiegender Bach,
der sich nach Wasser sehnt,
trocken, rissig, ausgedörrt.
Laß mich nicht verkrusten und hart werden.
Fülle mich wieder mit frischem Wasser,
bringe zurück die Lebendigkeit.
Tu dein Wunder an mir,
so daß ich sagen kann:
Der Herr hat Großes an mir getan.

Zwei Meditationen/Phantasiereisen

Die positiven Erfahrungen, die man im Zusammenhang mit Wasser machen kann, sind sehr unterschiedlich. Die folgenden Meditationen versuchen, jeweils eine aufzunehmen. Wichtig ist dabei immer, sie mit genügend Ruhe und Pausen zu sprechen. Die erste läßt sich unschwer mit biblischen Worten vom Wasser des Lebens in Verbindung bringen, auch mit der Taufe. – Der zweiten liegen vor allem Erfahrungen mit dem Meer zugrunde.

An der Quelle

Stellen Sie sich vor, Sie sind in einer bergigen Landschaft. Zwischen ein paar Steinen hervor strömt eine Quelle. Sie hören das Rieseln des Wassers, das sich allmählich zu einem fröhlichen Plätschern verändert. Sie sehen das Wasser; es ist ganz klar und rein. Die Sonne spiegelt sich darin, es glitzert und gleißt. Sie beugen sich hinab, schöpfen mit den Händen und trinken das kühle Naß. Sie spüren es in Ihrem Mund und fühlen, wie es durch Ihren Körper fließt. Es ist wunderbar belebend.
Sie folgen dem schmalen Rinnsal der Quelle. Ein Stückchen weiter ergießt es sich in einen kleinen Teich. Auch hier ist das Wasser klar und durchsichtig. Sie erkennen den Sand und die Steine am Grund.
Sie steigen in den Teich, zuerst ein paar vosichtige Schritte, dann tauchen Sie ganz hinein. Das Wasser umspült Sie, Sie spüren seine Bewegungen. Eine angenehme

Frische und Kühle umgibt Sie. Das Wasser spült alles fort, nicht nur den Staub und die Müdigkeit des Tages, auch alles andere, was Sie belastet. Lassen Sie alles los, lassen Sie alles abwaschen, unangenehme Gefühle, Enttäuschungen, schlechte Erfahrungen und Fehler, die Sie gemacht haben. Das kristallklare Wasser nimmt alles mit. Aber Sie fühlen sich nicht nur gereinigt und befreit. Stellen Sie sich vor, die Quelle, aus der Sie getrunken haben, sprudelt in Ihnen weiter. Sie sind erfüllt mit neuen Energien, die immer wieder nachströmen und Ihnen Kraft und Vitalität schenken.

Nun können Sie das Wasser verlassen und in Ihren Alltag zurückkehren. Mit sich nehmen Sie das Wissen um die Quelle.

Am Meer

Ich gehe in Gedanken fort an einen einsamen Strand. Vor mir liegt das Meer, das sich bis an den Horizont erstreckt und fast in die Bläue des Himmels übergeht. Ich spüre eine unendliche Weite und ein Gefühl von Grenzenlosigkeit. Gleichzeitig empfinde ich aber auch meine eigene Winzigkeit.

Vor mir führt ein Anlegesteg hinaus ins Wasser. Ich gehe bis zu seinem Ende und lasse mich dort nieder. Ganz nah bin ich nun dem Meer, fast abgeschnitten vom Ufer.

Ich sehe hinaus auf die Wellen. Einige schlagen gegen den Steg, andere wogen weiter bis an den Strand. Sie kommen und gehen in einem gleichbleibenden Rhythmus.

Ich schaue genauer hin. Ein Wellenberg türmt sich auf, höher und höher. Nun stürzt er vornüber und überschlägt sich. Gischt spritzt auf. Dann taucht die Welle zurück in den Grund, aus dem sie hervorgegangen ist. Hinter ihr zeigt sich ein Wellental, und eine neue Welle baut sich auf.

In unendlicher Folge wiederholt sich das gleiche Spiel. Und doch erscheint jede Welle anders, jede neu, alles ist in Bewegung.

Trotzdem geht eine große Ruhe von der Gleichmäßigkeit der heranrollenden Wasser aus.

Lange schaue ich den Wellen zu.

Je länger ich so sitze, um so mehr fühle ich mich ich eins mit der fließenden Bewegung. Ich habe das Gefühl, die Wasser strömen durch mich hindurch. Ich gehöre dazu, zu diesem Rhythmus von Kommen und Gehen, von Werden und Vergehen. Ich kann alle Gedanken loslassen, mich ganz der Ruhe und Stille hingeben, die nicht lähmen, sondern mich tragen. Das gibt eine große Gelassenheit gegenüber allen Erfahrungen und Problemen. Ich fühle mich gleichzeitig frei und geborgen.

Ihr werdet wasser schöpfen mit Freuden, schöpfen aus den Quel-len des Heils

wasser, wasser, wasser des Heils, was-ser des Heils.

T.u.M. Jesus-Bruderschaft, Gnadenthal; aus: Mosaik 5, Nr. 167
(c) Präsenz-Verlag, Gnadenthal, D.6257 Hünfelden

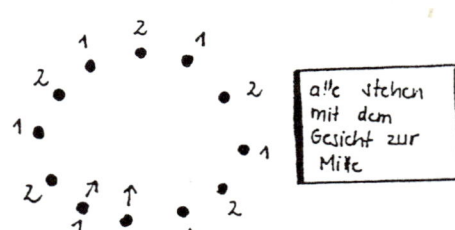

Aufstellung: im Kreis 1,2,1,2 abzählen

Die 1-er beginnen.
Die 2-er bleiben stehen bis
zum Einsatz. (→ kanonmäßig
einsetzen)

1.) „Ihr werdet"   Wasser   schöpfen mit   Freuden "

 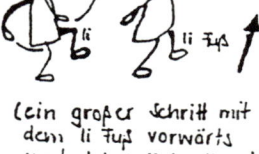 

(ein großer Schritt mit
dem re Fuß vorwärts u.
dabei re Hand kräftig
schöpfend, d.h. Arm im
Bogen von unten nach
oben führen)

(in dieser
Stellung
ausharren)

(ein großer Schritt mit
dem li Fuß vorwärts
und dabei linke Hand
kräftig schöpfend nach
oben führen.)

(in dieser Stellung
ausharren)

„ schöpfen aus den Quellen des Heils. "

(rechte Hand neben die linke
nach oben führen u. sich
gleichzeitig um eine halbe
Drehung nach rechts drehen)

Wiederholung: „Ihr werdet Wasser schöpfen.... "

→ Dasselbe, nur nach außen.
(Darauf achten, daß man nun außerhalb des äußeren Kreises ankommt,
den die 2. Gruppe bildet. Diese kann gleichzeitig etwas nach
innen gehen.)

Bei: ...schöpfen aus den Quellen des Heils."

(sich wieder
nach rechts
um eine halbe
Drehung drehen)

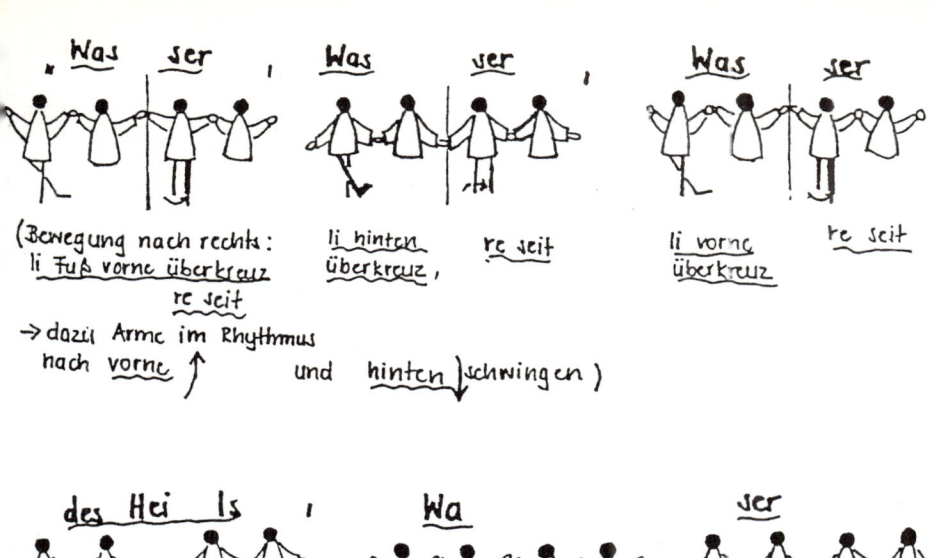

Was ser , Was ser , Was ser

(Bewegung nach rechts:
li Fuß vorne überkreuz
re seit

li hinten   re seit
überkreuz,

li vorne   re seit
überkreuz

→ dazu Arme im Rhythmus
nach vorne ↑   und   hinten ↓ schwingen)

des Hei ls ,   Wa   ser

li hinten   re seit . . . .
überkreuz

des Hei   -   ls "

Bei der Wiederholung: „ Wasser, Wasser.._ "

(Wie oben nur:
Hände loslassen, jeder einzeln, damit die andere Gruppe beim Schöpfen nach außen kommt.

4x zur Kreismitte vor und zurück, mit je einem Schritt und Anstellschritt:

Wasser   ,   Wasser   . . . . "

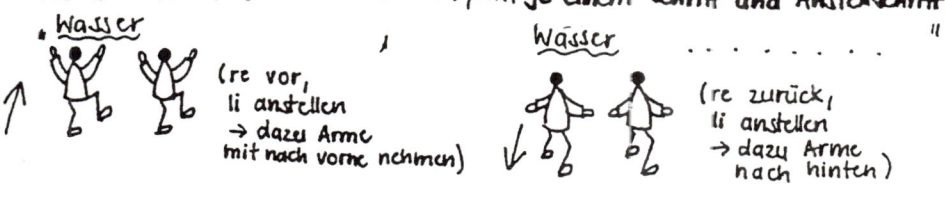

↑   (re vor,
li anstellen
→ dazu Arme
mit nach vorne nehmen)

(re zurück,
li anstellen
→ dazu Arme
nach hinten)

– Das Ganze beginnt von vorne.

Zu den Wirkungen des Wassers haben wir das Wegspülen, Reinigen und Heilen gezählt. Altes wird fortgespült, Neues kommt ans Licht, Wandlung geschieht. In der Taufe nehmen diese Wirkungen des Wassers Gestalt an.
Eine Schulklasse hat diese Erfahrungen in einem Lied ausgesprochen, das sie auf die Melodie von »Oh when the saints go marching in« gestaltet hat.

Ich bin getauft,
ich bin jetzt frei,
ich bin getauft, ich bin jetzt frei!
Ich bin getauft, gehör zu Jesus,
ich bin getauft, ich bin jetzt frei!

Ich bin getauft,
hab' keine Angst …

Ich bin getauft,
jetzt bin ich froh …

Ich bin getauft,
ich fang neu an…

Ich bin getauft,
sag's andern auch …

Man kann eigene Verse hinzudichten.

wir möchten nicht
daß unser kind
mit allen wassern gewaschen wird

wir möchten
daß es
mit dem wasser der gerechtigkeit
mit dem wasser der barmherzigkeit
mit dem wasser der liebe und des friedens
reingewaschen wird
wir möchten
daß unser kind
mit dem wasser
christlichen geistes gewaschen
übergossen
beeinflußt
getauft
wird

Wilhelm Willms

Du kennst
alle meine Wege ...

Psalm 139,3

Bild des Weges

Hinweise zum Aufbau und Gebrauch des Kapitels

In folgenden Schritten versucht das Kapitel, den Erfahrungen und Vorstellungen, die mit dem Bild des Weges verbunden sind, nachzugehen:

Weg-Worte der Bibel
Weg-Geschichten der Bibel
Auseinandersetzung mit einem Bild
Erfahrungen mit Wegen
»Steh auf! Mach dich auf den Weg!«

Die Übertragung des Bildes vom Weg auf das menschliche Leben ist so alt und selbstverständlich, daß wir ja direkt vom *Lebensweg* sprechen. So sind auch alle »Weg«-Worte und »Weg«-Geschichten der Bibel gleichzeitig Lebensgeschichten. Sie sprechen sehr unmittelbar an, und es erübrigt sich eine Annäherung an das Bild.

Das heißt jedoch nicht, daß das Weg-Symbol nicht auch auf kreativen Wegen bedacht und be»handelt« werden sollte. Auch gerade bei sehr selbstverständlichen Bildern entsteht sehr leicht eine Engführung. Wir verbinden ganz bestimmte Vorstellungen, Erfahrungen und auch Vorurteile mit ihnen. Wir meinen, sie genau zu kennen, sind vielleicht nicht bereit, sie zu hinterfragen oder andere Meinungen dazu anzuerkennen. Deshalb ist eine vielschichtige Beschäftigung mit ihnen oft sehr hilfreich. Zu einer intensiven Vertiefung in das Bild des Weges gehört eine Auseinandersetzung mit Mandalas, die uns überall wieder in irgendeiner Form oder Abwandlung begegnen. Die Meditation des Mandalas als Weg zur Mitte ist eigentlich in diesem Zusammenhang unverzichtbar. So waren zunächst auch Materialien und Vorschläge dazu geplant; sehr schnell wurde jedoch erkannt, daß die Beschäftigung mit diesem Symbol einen breiteren Rahmen erfordert, der dieses Kapitel sprengen würde oder sehr oberflächlich bliebe. Deshalb wurde ganz darauf verzichtet, vor allem, da dazu sehr viel und auch spezielles Material angeboten wird (vgl. neuestens: Gerda und Rüdiger Maschwitz, Aus der Mitte malen – heilsame Mandalas. Anregungen für Kinder, Jugendliche und Erwachsene. Kösel-Verlag, München 1996).

Dies Kapitel geht von biblischen Weg-Worten aus; es nimmt ihre Fragen und Zusagen auf und verknüpft sie mit dem eigenen Erfahrungsbereich. Vor allem auch die Text-Collage aus zwei Bibeltexten und einem modernen Text, bei der aus den beiden biblischen Texten eine starke Kontroverse spricht, versucht im dritten Text die Übertragung der Bilder in unsere Welt und spricht von heutiger Erfahrung.

Den Weg-Worten folgen Weg-Geschichten der Bibel, in denen Menschen sehr unterschiedliche Wege gehen. Das bewußte Nachempfinden – und Nachgestalten – dieser biblischen Beispiele will zum Nachdenken über die eigenen Wege anregen. Die zugeordneten Texte können dazu helfen. Dabei kann man feststellen, daß nicht nur das Bild vom Lebensweg uns mit den Menschen der Bibel verbindet, sondern daß wir auch vielfach in ähnlichen Situationen sind und die gleichen Erfahrungen machen. So wollen die Texte Trost und Zusage für bestimmte Wegstrecken geben und Hoffnung und Mut zum Weitergehen vermitteln.

Im folgenden geht es dann um eine Auseinandersetzung mit einem Bild von Paul Klee. Eine ausführliche Interpretation möchte Hilfestellung dazu geben.

Bei einer gemeinsamen Betrachtung des Bildes – vor allem bei einer mehr meditativen Beschäftigung – sollte man jedoch die angebotene Bildbetrachtung nicht einfach vortragen. Es ist wichtig, daß jeder sich in Ruhe mit einem Bild auseinandersetzen und es für sich entdecken kann. Die Interpretation will nur Hinweise geben. Gemeinsam sollte man versuchen, wirklich in das Bild hineinzugehen, es genau zu betrachten und erst dann vorsichtig zu deuten, wobei jede Deutung ein Stück persönlicher Aneignung ist und nicht verallgemeinert werden kann.

Kreative Vorschläge ziehen sich durch alle Teile des Kapitels.

Nach der Bildbetrachtung folgt noch ein größerer Block, dessen Einzelideen sich gerade auch für Einstiegsphasen ins Thema eignen.

Zum Thema Wege gehört immer wieder die Frage nach *neuen* Wegen, die man gehen muß, weil die Verhältnisse sich verändert haben. Die Phantasieübung »Steh auf! Mach dich auf den Weg!« will Mut machen aufzubrechen, nicht in Depression zu versinken, sondern Neues zu wagen. Es bleibt aber auch die Frage offen, wo die Kriterien für einen neuen Weg liegen.

T: M. Scouarnec/M: Jo Akepsimas
Übersetzung: Diethard Zils
Aus: Mein Liederbuch , Band 1, 1981,
Rechte für Text u. Musik: Editions Musicales – Studio
SM, Paris
Rechte für die Übersetzung: tvd-Verlag, Düsseldorf

Wir ha-ben Gottes Spuren festgestellt auf unsern Menschen-stra-ßen
Lie- be und Wärme in der kalten Welt, Hoffnung, die wir fast ver- ga- ßen.
Zeichen und Wunder sa-hen wir geschehn in längst vergangnen Ta- gen,
Gott wird auch unsre We- ge gehn, uns durch das Le- ben tra- gen.

2. **Blühende Bäume haben wir gesehen, wo niemand sie vermutet, Sklaven, die durch das Wasser gehen, das die Herren überflutet. Zeichen und Wunder sahen wir geschehen …**
3. **Bettler und Lahme sahen wir beim Tanz, hörten, wie Stumme sprachen, durch tote Fensterhöhlen kam ein Glanz, Strahlen, die die Nacht durchbrachen.**

Das Lied zeigt auf, was Ausgangspunkt und Grundlage der beiden ersten Teile ist: In Bibelworten und -geschichten sind Erfahrungen mit Gott auf den Wegen unterschiedlicher Menschen ausgesprochen; »Zeichen und Wunder längst vergangener Zeiten«, wie es im Lied heißt. Das Nachdenken darüber und die Übertragung in den eigenen Erfahrungsbereich können helfen, die Zusagen als »Hoffnung, die wir fast vergaßen,« auch für unsere Wege wiederzuentdecken.

Weg-Worte der Bibel

Preist unsern Gott, ihr Völker;
laßt laut sein Lob erschallen!

Er erhielt uns am Leben
und ließ unseren Fuß nicht wanken.
Du hast, o Gott, uns geprüft,
und uns geläutert, wie man Silber läutert.
Du brachtest uns in schwere Bedrängnis
und legtest uns eine drückende Last auf die Schulter.
Du ließest Menschen über unsere Köpfe schreiten.
Wir gingen durch Feuer und Wasser.
Doch du hast uns in die Freiheit hinausgeführt.   Psalm 66,8-12

Lobt Gott aus vollem Herzen.
Singt ein Danklied ihm zu Ehren.
Er hält alles in seiner Hand.
Er kennt den Weg der Menschen.
Unter seinem Schutz können wir sicher leben.

Und doch, Herr, hast du die Geborgenheit genommen.
Hast in Unsicherheit und Verzweiflung gestürzt.
Die Grundfesten des Daseins schienen zu schwanken.
Wo gibt es noch Halt?
Ist nicht alles zu Ende?

Manchmal glaube ich,
du wolltest herausreißen aus Ruhe und Selbstsicherheit.
Wie das Erz geschmolzen und geläutert wird,
wolltest du reinigen.
Schmerz und Verzweiflung sind deine Wege zur Reife.
Wege, die wir so ungern gehen,
Wege, gegen die wir uns wehren.

Hilf, sie annehmen als deinen Plan für unser Leben.

Der Herr schenkt neue Erfahrungen;
er macht offen für Menschen und Dinge.
Er führt in eine neue Freiheit.
Ja, er erneuert uns,
läßt wachsen und reifen.

Gehe ich auch mitten durch große Not:
du erhältst mich am Leben.

Psalm 138,7

Wenn ich sage: »Mein Fuß gleitet aus«,
dann stützt mich, Herr, deine Huld.

Psalm 94,18

Ivan Steiger

Allen, die auf dich hören, Herr, bahnst du einen geraden Weg: der
Pfad, auf dem sie gehen, führt geradeaus zum Ziel.

Jesaja 26,7

Chance der Bärenraupe, über die Straße zu kommen

Keine Chance. Sechs Meter Asphalt.
Zwanzig Autos in einer Minute.
Fünf Laster. Ein Schlepper. Ein Pferdefuhrwerk.

Die Bärenraupe weiß nichts von Autos.
Sie weiß nicht, wie breit der Asphalt ist.
Weiß nichts von Fußgängern, Radfahrern, Mopeds.

Die Bärenraupe weiß nur, daß jenseits
Grün wächst. Herrliches Grün, vermutlich freßbar.
Sie hat Lust auf Grün. Man müßte hinüber.

Keine Chance. Sechs Meter Asphalt.
Sie geht los. Geht los auf Stummelfüßen.
Zwanzig Autos in der Minute.

Geht los ohne Hast. Ohne Furcht. Ohne Taktik.
Fünf Laster, ein Schlepper. Ein Pferdefuhrwerk.
Geht los und geht und geht und geht und kommt an.

Rudolf Otto Wiemer

Führe mich auf den Felsen,
der zu hoch für mich ist.

Psalm 61,1

Laß mich wachsen an den Hindernissen,
die man mir in den Weg legt.
Laß mich reifen in der täglichen Arbeit,
in der Verantwortung für andere,
laß mich lernen, Grenzen zu überschreiten,
herauszutreten aus dem eigenen Ich.

Jenseits aller Sicherheiten,
aller Pläne und Berechnungen,
dort, wo man nicht leben kann,
im Weglosen, im Uferlosen,
sei du mir breite Straße und Steg.

Wolfgang Poeplau

Die schwersten Wege werden alleine gegangen, die Enttäuschung,
der Verlust, das Opfer, sind einsam. Selbst der Tote, der jedem Ruf
antwortet und sich keiner Bitte versagt, steht uns nicht bei und sieht
zu, ob wir es vermögen. Die Hände der Lebenden, die sich ausstrek-
ken,ohne uns zu erreichen, sind wie die Äste der Bäume im Winter.
Alle Vögel schweigen. Man hört nur den eigenen Schritt, den der
Fuß noch nicht gegangen ist, aber gehen wird. Stehenbleiben und
sich Umdrehen hilft nicht. Es muß gegangen sein.

Hilde Domin

Befiehl dem Herrn deinen Weg
und vertrau ihm;
er wird es fügen.
Sei still vor dem Herrn
und harre auf ihn!

Leg dein Schicksal in Gottes Hand,
verlaß dich auf ihn,
er macht es richtig.
Werde ruhig vor dem Herrn,
erwarte gelassen sein Tun.

Psalm 37,5+7 (Einheitsübersetzung)

Psalm 37,5+7 (Gute Nachricht)

gehen – gehen lassen – gelassen sein

»... erwarte gelassen sein Tun ...«

Herr
gelassenheit
gib mir gelassenheit

ich bin nicht gelassen,
lasse mich gehen

gehen
wieder und wieder
alle dunklen wege
fallen
immer aufs neue
in unruhe und depression

ich lasse mich gehen
bin nicht gelassen

herr
gelassenheit
gib mir gelassenheit

Vorschlag für eine Gruppenarbeit

In den Psalmen wird sehr häufig von »Wegen« gesprochen.
Lesen Sie die folgenden Stellen und überlegen Sie, in welchem Zusammenhang
jeweils von »Wegen« oder vom »Gehen« im weiteren Sinne geredet wird:
Psalm 23,1-4; 66,6; 66,11+12; 86,11; 91,10-12; 138,7a; 139,1-5.

Wege – Lebenswege

In der Bibel finden wir unterschiedliche Beschreibungen von Wegen, z.B. das finstere Tal, hohe Felsen, Engel, weiten Raum, Steine im Weg, ebene Bahn, den Weg durchs Wasser, Wüste usw. Wir versuchen, Parallelen zu Lebenswegen herzustellen und sie mit den Bibelstellen in Beziehung zu bringen.

Eine andere Möglichkeit besteht darin, die biblischen Weg-Bilder nicht direkt auf Lebenswege zu beziehen, sondern zusätzlich mit Foto-Material zu arbeiten. Es gibt sehr viele Fotos zu den unterschiedlichsten Wegen und Straßen. Man kann entweder eine Auswahl bereitstellen oder von der Gruppe vorher sammeln lassen.

Der Dreiklang: Foto, Bibelwort, Lebenserfahrung kann die Auseinandersetzung oder Meditation wesentlich bereichern.

Aus Klagelieder 3   *Aus Psalm 18*

ICH BIN DER MANN, der Leid erlebt hat durch die Rute seines Grimms. Täglich von neuem kehrt er die Hand nur gegen mich. Er hat mich ummauert, ich kann nicht entrinnen. Er hat mich in schwere Fesseln gelegt. Wenn ich auch schrie und flehte, er blieb stumm bei meinem Gebet. Er hat mich getrieben und gedrängt in Finsternis, nicht ins Licht. Mit Quadern hat er mir den Weg verriegelt, meine Pfade irregeleitet. Du hast mich aus dem Frieden hinausgestoßen; ich habe vergessen, was Glück ist.

Ich will dich rühmen, Herr, meine Stärke, Herr, du mein Fels, meine Burg, mein Retter, mein Gott, meine Feste, in der ich mich berge. Mich umfingen die Fesseln des Todes, mich erschreckten die Fluten des Verderbens. In meiner Not rief ich zum Herrn. Aus seinem Heiligtum hörte er mein Rufen. Du, Herr läßt meine Leuchte erstrahlen, mein Gott macht meine Finsternis hell. Er führt mich hinaus ins Weite, er befreite mich. Du gabst mir deine Hilfe zum Schild, deine Rechte schützt mich; du neigst dich mir zu und machst mich groß.

schwärze um mich
graue schleier
depression
drohende enge
gefängnis
kein hoffnungsschimmer
kein ausweg

klagen
immer wieder
wo ist licht
wo ist weite

da
unversehens
unerwartet
unverdient
das wunder

du gibst meinen füßen
weiten raum

239

Weg-Geschichten der Bibel

Zu Markus 10,46-52

Er sitzt
am wegrand
im dunkel
unbeweglich
ohne hoffnung
ohne kraft

sie sagen
hab mut
er ruft dich

nichts ist geschehen
nichts ist anders

hab mut
er ruft dich
sagen sie

die worte treffen
die worte entzünden
die worte schaffen neu

alles ist anders
voller hoffnung
voller mut
er springt auf
läuft los
den neuen weg

Zu Lukas 15,11-24

Er geht fort
fort mit dem Erbe
fort vom Vater
fort in die Fremde

Weg in die Freiheit
hinaus aus dem Alltag
neue Ziele
Aufgaben und Freunde

Doch statt Weite
erneute Enge
alles Täuschung
Sackgasse ohne Ausweg

Zurückgehen
den gleichen Weg?
Unzumutbar
und beschämend

Nirgends Rettung
nirgends Hilfe
er wagt es
macht sich auf

Immer langsamer
die Schritte
schier endlos
die Wegstrecke

Der Vater sah ihn schon von weitem,
lief ihm entgegen,
fiel ihm um den Hals und küßte ihn.

Zu Matthäus 2,1-12

Auf der suche nach dem heil
weit unterwegs
immer neue wege
andere möglichkeiten

geblendet vom glanz
von macht und herrschaft
von tradition und ansehen
ankunft in jerusalem

und erneut die suche
eingespannt in fremde ziele
weg in den stall
weg zum verrat

oder sich weisen lassen
den neuen weg
zurück in den alltag
unter neuen vorzeichen

Zu Matthäus 28,5-10

ostern

alles zerbrochen
träume zerronnen
hoffnungen enttäuscht

sie verharren
in trauer
und verzweiflung

sich nur verkriechen
verstecken
nicht nachdenken

alles ist aus
zu Ende
vorbei

doch da kommt das wort
geht – geht weg
weg vom grab
der zerbrochenen träume
geht zurück
in den alltag

ich gehe vor euch her

Zu 1 Könige 18+19

Elia

Karmel
Sinnbild eines Kampfes
Demonstration von Stärke
Sieg für seinen Gott

Busch in der Wüste
Station einer Flucht
die anderen sind stärker
Isebel rüstet auf

Enttäuscht, verzweifelt
kein Mut mehr zum Leben
nur sterben
beenden den Weg

Doch der Bote Gottes
verwehrt diesen Wunsch
gibt geduldig Anstoß
wieder und wieder
gibt Kraft und Ermutigung
für den weiteren Weg.

Psalm 23

Grüne Wiese
blaues Wasser
sprudelnder Quell
geebnete Straße
Leben in Freude
Leben in Fülle

Glückvolle Zeiten
gesegneter Weg

Doch auch

Finsteres Tal
bedrückende Enge
steiniger Weg
drohende Wölfe
Leben in Ängsten
Leben in Fragen

Tröstung erfahren
Schutz auf dem Weg

Kreative Auseinandersetzung mit biblischen Weg-Geschichten

1. Fußspuren

Bei der Behandlung vieler biblischer Geschichten bietet sich eine intensive Möglichkeit der Einfühlung in die Wege und Begegnungen oder Beziehungen der
Beteiligten, indem man ihre Wege nur mit Fußspuren darstellt. Durch die Richtung
und Abstände der Spuren, die Art der Abdrücke usw. läßt sich gut die Befindlichkeit des Gehenden ausdrücken. Sich annähernde, trennende, kreuzende Spuren
bringen bildhaft das Beziehungsgefüge zum Ausdruck. (Vgl. S. 250)

2. Verklanglichung

Auch durch musikalische Gestaltung lassen sich Weg-Erfahrungen ausdrücken. Dabei ist nicht an Gesang oder Orchester gedacht, sondern an eine Verklanglichung von Bewegungen, Erfahrungen und Gefühlen mit Hilfe von Orff-Instrumenten. Das ist als reines Klangerlebnis möglich, jedoch auch gut durch Kombination von Wort und Ton. Die Worte können durch Musik untermalt werden, Wort und Klänge können sich ablösen usw. Dabei sind der Phantasie keine Grenzen gesetzt.

3. Weitererzählen der Geschichten

Eine andere kreative Möglichkeit ist es, die Geschichten weiterzuerzählen. Das ist ein Spiel der Phantasie, das die angefangenen Wege fortsetzen möchte. Dabei geht es nicht nur um das spielerische Moment, sondern im Spiel nehmen eigene Hoffnungen und Träume Gestalt an und können Impulse geben.

Auseinandersetzung mit einem Bild: Paul Klee, Hauptweg und Nebenwege

Das Bild »Hauptweg und Nebenwege« stammt aus dem Jahr 1929; es gehört zu den sogenannten »ägyptischen Bildern« Klees.

Am Anfang des Jahres 1929 konnte Klee sich einen lange gehegten Wunsch, eine Reise nach Ägypten, ermöglichen. Sie betrug zwar nur eine kurze Zeit, 7 Tage Kairo, Luxor, Assuan, hinterließ aber einen starken Eindruck auf ihn. Sicher nicht so stark wie die erste Nordafrikareise, die bekannte Tunisreise mit Macke und Moillet, aber er fühlte sich nach beiden Reisen ein Stück weit in Nordafrika beheimatet.

Die sogenannten »ägyptischen Bilder« kennzeichnet ein ganz bestimmtes Kompositionsschema. Sie sind geprägt duch ein System paralleler Farbbänder, die sich über die Blattfläche ausbreiten. Diese werden durch Senkrechten, Schrägen oder Kurven geschnitten; dadurch verschiebt und verändert sich teilweise die Bänderung, und es entsteht ein Netz von unterschiedlich langen und breiten Feldern. Parallel dazu tritt eine Änderung der Farbigkeit der Bänder ein.

In einigen der ägyptischen Bilder ist das Schema mit mathematischer Genauigkeit durchgeführt; bei jedem Schnitt der Waagerechten werden sie entweder um eine halbe Streifenbreite nach oben oder nach unten verrückt, werden in der Breite genau halbiert oder ähnliches.

Dieses starre Schema durchbricht Klee aber selber bei anderen Bildern der Serie und bringt dadurch mehr Dynamik in sie hinein.

Das Bild »Hauptweg und Nebenwege« gehört zu den späten ägyptischen Bildern, in denen die Bänderung nicht mehr so statisch ist.

Ausgangspunkt aber all dieser stark abstrahierten Bilder sind die Eindrücke, die Klee auf seiner Ägyptenreise gewann.

Der entscheidende Satz in seiner Schrift »Schöpferische Konfession« läßt sich auch hier anwenden: »Kunst gibt nicht das Sichtbare wieder, sondern macht sichtbar.« Er möchte nicht die momentane Realität abbilden, sondern im Zufälligen das Wesentliche zeigen. An anderer Stelle äußert er sich aber auch – und das trifft sicher auch auf dies Bild zu: »Es ist interessant, wie trotz aller Abstraktion die Sache real bleibt.«

In dem Zwischenreich zwischen Bild und Abbild hat sich Klee sein Leben lang bewegt. Auch in unserem Bild ist beides vorhanden.

Wenden wir uns nun dem Bildbestand zu:

Das Bild ist zunächst linear geschichtet; waagerechte Linien, ziehen sich über seine ganze Fläche hin. Sie sind allerdings nicht ganz streng und starr und nur teilweise durchgehend. Sie werden von unterschiedlich geneigten Vertikallinien geschnitten. Dadurch entsteht ein Gitterwerk von unterschiedlich breiten und langen Bändern, die auch in der Dichte variieren. Sie sind farblich verschieden getönt. Durch die Farbgebung, vor allem aber durch die unterschiedliche Neigung der Vertikallinien ist viel Bewegung in dem Gesamtbild.

Es lassen sich jedoch auch bestimmte Grund- oder Hauptlinien feststellen. Zum einen geht durch das ganze Bild eine starke Bewegung zum oberen Bildrand hin, die dort in durchlaufenden Farbbändern zur Ruhe kommt. Dabei springt eine Bahn, die sich gerade eben neben der Bildmitte befindet, besonders ins Auge. Sie ist breiter als die anderen, an den Rändern ganz gleichmäßig und gradlinig und verjüngt sich nach oben zu. Zum anderen fällt auf, daß ihre einzelnen Flächen größer sind als die meisten anderen. Auch ihre Farbigkeit unterscheidet sie; sie ist fast wie eine Lichtbahn aufgehellt.

Die anderen Bahnen, die nach oben führen, sind wesentlich ungleichmäßiger, verengen und verbreitern sich, führen zueinander, erwecken den Eindruck von Winkeln und Stufen. Gerade an den schmalen Stellen nimmt dabei ihre Farbigkeit und die Farbintensität stark zu. Nur ab und zu findet sich eine lichte Stelle wie in der breiten Bahn.

Die Farben sind im ganzen relativ hell und zart; sie bilden einen Akkord aus Gelb- und Blautönen mit eingesprengtem Rot.

Kommen wir zurück zu der in dem Bild verarbeiteten Wirklichkeit, so können die Streifen und Bänder, die sich darüber hinziehen, bei uns Assoziationen zu Landschaft, die aus großer Höhe gesehen wird, wecken. Wir kennen solche oder ähnliche Muster von Ausblicken aus dem Flugzeug.

Wenn man an Klees Ägyptenreise denkt, so ist es nicht schwer, das Bild vielleicht mit ägyptischen Nilwiesen zu verknüpfen. Am oberen Bildrand münden die Vertikalen in durchgehende blaue Querstreifen, mit denen man den Nil assoziieren könnte.

Klee gibt nun jedoch dem Bild keineswegs einen Namen, der diese Verknüpfung ausspricht oder nahelegt, sondern er nennt es »Hauptweg und Nebenwege«.

Unter diesem Aspekt kommen wir noch einmal ins Bild zurück. Der Titel gibt uns Hinweise zu einer möglichen Deutung oder Auseinandersetzung. Natürlich bringen wir bei jeder versuchten Deutung uns selbst ins Spiel, ohne zu wissen, ob wir mit den Gedanken des Malers in Übereinstimmung sind. Klee selber war den Interpretationen seiner Bilder gegenüber sehr offen, hat sie z.T. mit Interesse aufgenommen. Er hat einmal gesagt: »Der Maler weiß sehr viel, aber er weiß es erst nachher.« Er hat damit der Intuition im Schaffensprozeß eine große Bedeutung zugestanden. Da seine Werke häufig ins Symbolhafte gehen, ist manches auch schwer in Worte faßbar.

Der Titel »Hauptweg und Nebenwege« gibt uns aber jetzt die Möglichkeit, das Bild noch einmal neu unter diesem Aspekt zu beschreiben.

Wir sehen viele Wege, die sich alle in einer Richtung, nämlich zum oberen Bildrand hin, über die Fläche ziehen. Der »Hauptweg« fällt am meisten ins Auge; er ist breit, hell, gradlinig. Wie eine erleuchtete Bahn zieht er hinauf.

Die »Nebenwege« dagegen sind schmal und verwinkelt, haben Ecken und Stufen, verengen und verbreitern sich. Sie haben meist mehr Farbigkeit als der »Hauptweg«; vor allem an den besonders engen Stellen sind sie sehr farbintensiv. Wenn wir bei der Landschaftsassoziation bleiben, fallen uns breite Alleen und hügelige Steige ein. Vielleicht denken wir aber auch an Städte mit riesigen Prachtstraßen und daneben winkeligen Gassen. Und die unterschiedliche Farbigkeit können wir leicht nachvollziehen, wenn wir uns vorstellen, wieviel interessanter die Stufen und Winkel gegenüber den breiten ebenen Wegen oft sind. Ja, da erscheint einem die helle Bahn vielleicht als langweilig.

Mit dem Gedanken an Wege verknüpfen wir wohl auch sehr häufig die Vorstellung von Lebenswegen. Auch hier gibt es sicher die breiten, hellen und die eher eckigen, engen, voller Schwierigkeiten und Stufen, die zu überwinden sind, voll scheinbarer Sackgassen, aus denen es Auswege zu finden heißt. Und hier sind wir sicher nicht so schnell bereit, vom langweiligen, hellen und gradlinigen Weg zu reden. Viel-

247

leicht ist es da eher gerade dieser, den wir uns wünschen; vielleicht ist es dieser Hauptweg, den wir gehen möchten.

Der Hauptweg – unser Wunschweg?

Aber wir machen im Leben die Erfahrung, daß er nicht immer so gradlinig verläuft oder weitergeht, sondern, daß er abbricht, verstellt ist. Erlebnisse wie Tod, Krankheit, Verlust, Arbeitslosigkeit usw. werfen uns aus der hellen Bahn, zwingen uns, neue Pfade zu suchen.
Und da finde ich dieses Bild sehr ermutigend. Es zeigt uns eine große Zahl von Wegen und Pfaden – auch neben dem Hauptweg – , und es zeigt uns besonders viel Farbe und Abwechslung auf ihnen. Nebenwege als Chance zu neuen Entdeckungen.

Kreativer Umgang mit einem Bild

Eine eingehende Betrachtung des Bildes von Klee kann dazu anregen, eigene Wege darin zu entdecken. Um diesen Gedanken praktisch durchzuführen, böte es sich an, eine (nicht ganz kleine) Schwarzweiß-Kopie herzustellen und diese nach den eigenen Vorstellungen mit Farben, Bildern oder Worten zu verfremden und den eigenen Lebensweg (vielleicht mit Haupt- und Nebenwegen) hineinzugestalten. Die im Bild gemachten Entdeckungen und Fragestellungen können unter Umständen helfen, neue Sichtweisen zu gewinnen.

Erfahrungen mit Wegen

Kreative Ideen

1. Wege erfahren

Die Gruppe wird in zwei Untergruppen aufgeteilt, die sich an den Seiten des Raumes einander gegenüber plazieren. Vorher wurden im Raum Hindernisse z.B. Tische, Stühle, Bänke usw. aufgestellt. Jetzt gibt der Gruppenleiter die Aufgabe, daß eine bestimmte Person auf der einen Seite sich zu einer bestimmten auf der anderen begeben soll; die Personen wechseln mehrmals. Wichtig ist jedoch die Aufgabe, die an den Weg geknüpft ist: Einmal soll es der kürzeste Weg, ein anderes Mal der bequemste, der weiteste oder der schnellste Weg sein.
Welche Erfahrungen mache ich dabei? Ist der kürzeste Weg immer der einfachste oder sinnvollste? Was erfahre ich auf dem langen Weg? Diese und ähnliche Fragen lassen sich auf Lebenswege übertragen; sie können Gespräche auslösen und zum Austausch von Erfahrungen anregen.

2. Wege erspüren

Es werden Materialien mit ganz unterschiedlicher Oberflächenstruktur gesammelt: Sand, Sandpapier, runde, glatte und rauhe Steine, Erbsen, Bohnen, Styropor, Glas, Gewebe, Samt, Holz, Bürsten, Papier, Leder, Metall. Teppich, Watte, Federn usw. Damit baut man einen »Erlebnisparcours« auf, in dem ... die (nackten) Füße auf eine spannende, abwechslungreiche Entdeckungsreise gehen können ... Ein Fußparcours kann natürlich nur mit verbundenen Augen begangen werden, denn die Augen sollten sich in jedem Fall bei diesem Spiel ausruhen. Die Konzentration richtet sich ganz auf ... die Fußsohlen. Mit ihnen soll »gesehen« werden.

3. Wortfamilie »Weg«

Zunächst sammelt man Wörter aus der Wortfamilie »Weg«. Am einfachsten geht es, wenn man ein oder mehrere Bögen und Stifte auslegt/aufhängt und jeder aufschreibt, was ihm einfällt.
Beispiele: Wegbiegung, Wegrand, Wegkreuzung, Umweg, Irrweg, Rückweg, Wegzehrung, Wegziel, Bewegung, Schnellweg, Radweg, Spazierweg, Waldweg, Ausweg, Ausweglosigkeit, Wanderweg, Lebensweg, Wegweiser, beweglich, Wegschild, Gratweg, Wegsperre, Weggefährte, Wegteilung, Hauptweg, Neben-

weg, verwegen, weglos, Seitenweg, Wegenetz, Weglosigkeit, Wegbereiter, Weg-
führung, Berufsweg …

Anschließend kann man sie nach übergreifenden Fragestellungen ordnen (z.B.
Gefahren am Weg, Weggefährten, was wir auf dem Weg brauchen, Entscheidun-
gen am Weg usw.) und über ihre Bedeutung – wörtlich und im übertragenen Sinn
– nachdenken.

4. Mit Fuß-Spuren spielen

Mit Fußspuren kann man in sehr unterschiedlicher Weise Wege, Begegnungen und
Beziehungen darstellen, bewußt wahrnehmen und reflektieren.

1. Fuß-Spuren-Bilder nachgehen und erleben.
2. Zu Fuß-Spuren-Bildern Situationen erfinden.
3. Geschichten mit Fuß-Spuren darstellen.
4. Eigene Erfahrungen in gleicher Weise darstellen.
5. Biblische Weg-Geschichten durch Fuß-Spuren-Bilder nacherleben (s.o. S. 244).
6. Schließlich ist es möglich, im Zusammenhang mit einem Gespräch über Weg-Wünsche oder Weg-Ziele Fußspuren aus Papier herzustellen und sie mit Wünschen oder Zielen zu beschriften. (Gut geeignet sind die eigenen Fußspuren.)

Die beiden folgenden Vorschläge sind relativ zeitaufwendig:

5. Irrgarten

Die Erfahrungen des Lebens, in einem unentwirrbaren Irrgarten herumzuirren,
keinen Ausweg zu sehen oder endlich doch hinauszufinden, können in einer Aktion
nachempfunden werden. In einem verdunkelbaren Raum werden Kordeln über
Kopfhöhe von einer Seite des Raumes kreuz und quer, parallel zu den Wänden
verspannt. Anschließend werden lange Papierbahnen (evtl. zusammengeklebtes
Zeitungspapier oder Tapeten) bis zum Boden über die Kordeln gelegt und befestigt.
Einzelne oder kleine Gruppen können dabei gemeinsam arbeiten. Es kommt darauf
an, daß man Wege, aber auch Sackgassen schafft. Schon bei der Herstellung macht
man starke Raumerfahrung, erlebt Raumaufteilungen und ein zunehmend einge-
schränktes Raumgefühl.
Zum Schluß wird der Raum weitgehend verdunkelt, und man versucht, einzeln
einen Durchgang zu finden.

Meist hat diese Erfahrung eine starke Auswirkung, ein Gefühl von Bedrängnis wird empfunden, das schon bis zur Aggressivität geführt hat, jedoch sich unter Umständen in großer Erleichterung löst.

6. Tunnel

Ähnliche Erfahrungen vermittelt der Weg durch verschieden hohe Tunnel.
Aus Ziegelsteinen mit Löchern, in die biegsame Plastikstangen gesteckt werden, werden Bögen hergestellt. Die Bögen von unterschiedlicher Höhe (höchstens 1 m) werden im Raum verteilt und mit Plastikplanen bedeckt. So entsteht ein langer Tunnel, durch den man hindurchkriechen muß.
Auch hier stellt sich leicht ein Gefühl von Bedrängnis ein, das den Ausweg sehr bewußt empfinden läßt. Das kann man noch unterstützen, indem die Tunnel sich zum Ende hin erweitern.

»Steh auf! Mach dich auf den Weg!«

Will ich mich selbst neu in Bewegung setzen? –
Anleitung zu einer Phantasieübung (zu Johannes 5,1-9)

— *Setzen Sie sich entspannt hin. Achten Sie auf Ihren Atem, wie er durch Sie hindurchströmt.*

— *Versetzen Sie sich mit den Bildern Ihrer Phantasie an den Teich Betesda, und schauen Sie sich um, wie es dort aussieht.*

— *Viele Kranke lagern dort. Nehmen Sie sie wahr.*

— *Stellen Sie sich vor, daß Sie mitten unter den Kranken sind, und, wenn Sie mögen, denken Sie an etwas, wobei Sie sich im Moment kraftlos und »wie gelähmt« vorkommen.*

— *Was fällt Ihnen dazu ein?*

— *Welche Gefühle nehmen Sie wahr?*

— *Es kommt einer zu Ihnen, schaut Sie an, bleibt bei Ihnen stehen. Es ist Jesus. Er nimmt Kontakt zu Ihnen auf.*

— *Er fragt: »Willst du gesund werden?« »Willst du dich neu in Bewegung setzen?«*

— *Nehmen Sie sich Zeit, und spüren Sie dieser Frage nach:*

— *Willst du dich neu in Bewegung setzen?*
   Willst du wieder kraftvollen Anteil am Leben haben?
   Was hindert dich daran?
   Womit hinderst du dich selbst daran?
   Was wäre, wenn du wieder neue Energie hättest?

— *Mitten in Ihren Überlegungen können Sie den Anruf hören: »Steh auf! Setz dich in Bewegung! Nimm deine Matte, die dich so lange getragen hat, und trage du sie!«*

— *Überlegen Sie, was Sie für Ihre ersten Schritte brauchen.*

— *Nehmen Sie Abschied vom Teich Betesda. Kehren Sie zurück in Ihre eigene Umgebung, und schauen Sie sich dort um. Es kann nämlich sein, daß die biblische Geschichte sehr nahegeht. Wichtig ist aber zugleich, daß man dabei auch ganz bei sich selbst bleibt und bei der eigenen Wirklichkeit.*

Hannelore Morgenroth

Vorschlag zur Gruppenarbeit

An vielen Stellen der Bibel finden sich ähnliche Aufforderungen zum Handeln, zum Aufbruch, zum Gehen. Untersuchen Sie in Gruppen die Zusammenhänge und vergleichen Sie.
Beispiele: Genesis 7,1; 12,1; 19,14; 21,14; Josua 7,10; 1 Könige 19,5; Jesaja 52,2+10ff.; Jona 1,1f.; Matthäus 28,10,19; Markus 2,11; 5,41; 10,49; Lukas 6,8+10; 7,14; 15,18; 17,19; Apostelgeschichte 3,6; 9,6 (26,15); 9,34

Mach dich auf …
Steh auf und geh …
Geht in das Land,
das ich euch zeigen werde …

Aufforderung
zum Gehen
Anstoß
zum Aufbruch
überall
immer wieder

gehen
aufbrechen
sich auf den Weg machen
neue Wege gehen

Herr, gib mir Mut dazu!

Aber –
steckt hinter jedem Aufbruch
deine Aufforderung
kann ich mich
für jeden neuen Weg
auf diesen Anstoß berufen?

Herr, zeige mir den rechten Weg!

Bibelstellen-Register

Die Bibelstellen wurden nach den Kapiteln dieses Buches geordnet. Bei den kursiv gedruckten Stellen handelt es sich um Texte, die nicht im ganzen Wortlaut abgedruckt, sondern nur erwähnt oder in Kurzform nachgestaltet wurden.

Auge

Gen 19,12-17+26
Ex 33,18ff.
Dt 23,6
2 Kön 6,15-17
Ps 146,8
Jes 43,18f.
Jes 59,10

Mt 7,3-5
Mt 9,30
Mk 8,18
Mk 10,46-52
Lk 10,25-37
Lk 11,34-36
Lk 24,13-16+31
Joh 13,7
1 Kor 13,12
Phil 3,13

Ohr

Sam 3,4-9
Ps 17,6
Ps 22,3
Ps 38, 12 + 14f.
Ps 94,9
Ps 115,6
Jes 1,15-17

Mt 7, 24
Mk 4,24
Mk 7, 32-35
Lk 6,27
Hebr 3,7f.

Hand

Dtn 1,31
Ps 31,16
Ps 37,5
Ps 37,24
Ps 138, 7-8

Ps 139,5
Jes 41,10+13
Jes 64,7
Jer 18,1-6
Hos 11,3
Zef 3,16f.
Sach 8,13

Mt 14,28f.
Gal 6,3

Adler

Ex 19,4
Dtn 32,10+11
Ps 57,2
Ps 91,4
Ps 103,1,2,5
Ps 124,7
Jes 40,29-31

Mt 14,28ff.

Baum

Ps 1
Ps 92,13-16
Spr 13,12 +15,4
Jes 41,19+20
Jes 65,18+22
Jer 17,7+8
Ez 17,22-23
Ez 31,1-11

Mt 13,31-32
Mk 8,23
Lk 13,6-9
Offb 22,1-2

Regenbogen

Gen 9,13

Stein

Gen 11
Gen 28,10ff.
Gen 33,17
Dtn 21,21
Dtn 32,37
Jos 4,4-8
Jos 19,50
1 Sam 17
2 Sam 22,2f.
  (vgl. Ps 18,2;31,3f.; 62,7f.)
Ps 40,3
Jes 28,16
  (vgl. Ps 119,22)
Jes 62,10
Jer 5,3
Jer 29
Ez 11,19

Mt 7,9
Mt 7,24-27
Mk 15,46
Mk 16,3f.
Lk 11,23
Joh 8,7
Joh 11,8
Apg 7,54-60
1 Petr 2,5

Wasser

Gen 6-9
Ex 14
Num 20
Ps 18,17
Ps 32,6
Ps 66,10-12
Ps 69,2-4,15-16
Ps 104,9-14,16,25
Ps 124,1-5
Ps 126
Jes 41,18
Jes 43,1+2
Jes 43,20

Jes 44,3-4	Weg	Ps 138,7
Jes 58,11		Ps 139,3
Jona 2,4+6	*1 Kön 18+19*	Klgl 3
	Ps 18 (in Auswahl)	
Mt 14,22ff.	*Ps 23*	*Mt 2, 1-12*
Mk 4,35ff.	Ps 37,5+7	*Mt 28, 5-10*
Joh 4,13-14	Ps 61,1	*Mk 10,46-52*
	Ps 66,8-12	*Lk 15, 11-24*
	Ps 94,18	*Joh 5,1-9*

Quellenverzeichnis

Texte/Lieder/Bilder

S. 30 Aus: Lieder-Circus. Kunterbunt Edition. Bund-Verlag, Köln 1985, Nr. 25

S. 31 Aus: K. Wolff, Ein Maulbeerbaum für die Übersicht. Erzählungen und Kurzgeschichten. Texte über Gott und die Welt. Neukirchener Verlag, Neukirchen-Vluyn 1980

S. 35 Gesichter. Aus: P. Brasch (Hg.), Wer hat schon Flügel. Gedichte. Mosaik Verlag, München 1984

S. 44 Aus: N. Kazantzakis, Griechische Passion. © by F.A. Herbig Verlagsbuchhandlung GmbH, München

S. 51 Edvard Munch, Der Schrei, 1895. © The Munch Museum/The Munch Ellingsen Group/VG Bild-Kunst, Bonn 1995

S. 58 Kanon. T: (1. Strophe): Michael Hermes (nach Benediktinerregel)/M: aus England

S. 60 Aus: M. Ende, Momo. © by K. Thienemanns Verlag, Stuttgart

S. 68 © W. Willms

S. 74 Aus: J. Zink, Womit wir leben können. Kreuz Verlag, Stuttgart 1963 (Psalm 139,1-8)

S. 78 Aus: M. Bickel/H. Steigert, Pflücke den Tag. Verlag Herder, Freiburg [33]1995

S. 79 Aus: Ivan Steiger sieht die Bibel. Verlag Katholisches Bibelwerk und Deutsche Bibelgesellschaft, Stuttgart

S. 87 Bei der Versicherungsgesellschaft. Aus: Dom Helder Camara, Mach aus mir einen Regenbogen. pendo-verlag, Zürich 1981

S. 91 Nicht müde werden. Aus: H. Domin, Gesammelte Gedichte. © S. Fischer Verlag GmbH, Frankfurt am Main

S. 93 © D. Trautwein

S. 95 Quelle wie S. 78

S. 96 © Hans Jürgen Press, Hamburg (Serie »Der kleine Herr Jakob«). Mit Versen von K. Thaler

S. 103 Aus: J. Zink, Mehr als drei Wünsche. Kreuz Verlag, Stuttgart 1983

S. 104 Aus: W. Willms, der geerdete himmel. wiederbelebungsversuche. Verlag Butzon & Bercker, Kevelaer [7]1986, 12.4

S. 105 Lobe den Herren. Aus: EKG 234, Vers 2

S. 106 Aus: A. Exeler, Gott, der uns entgegenkommt. Verlag Herder, Freiburg 1981

S. 109 © W. Poeplau

S. 110 Wer hat schon Flügel. Quelle wie S. 35

S. 111 Öde. Aus: M. Fischer/E. Stark, Zukunft beginnt sehr leise. Quell Verlag 1988

S. 113 Aus: J. Aggrey, Der Adler, der nicht fliegen wollte. Peter Hammer Verlag, Wuppertal [3]1994

S. 116 Aus: U. Kamps-Blass/E.M. Zieberts (Hg.), Wenn Frauen beten. Kösel-Verlag, München 1989

S. 119 Quelle wie S. 116

S. 125 © H. Piontek

S. 127 Ein Spiel mit Kindern. Aus: Religion Grundschule. Leitmedien, hrsg. v. G. Neumüller im Auftrag des Amtes für Religionsunterricht, St. Ingbert 1992

S. 128 © R. Kunze

S. 134	Kindergedicht. Aus: I. Baldermann, Wer hört mein Weinen. Kinder entdecken sich selbt in den Psalmen. Wege des Lernens Bd. 4. Neukirchener Verlag, Neukirchen-Vluyn [5]1995
S. 136	Im Traum lachte ich. Quelle unbekannt
S. 137	© R. Kunze
S. 142	Was ich dir wünsche? Quelle wie S. 103
S. 144	Quelle unbekannt
S. 153	Über der Bucht. Aus: J. Bobrowski, Sarmatische Zeit/Schattenland Ströme. Deutsche Verlags-Anstalt, Stuttgart 1961/62
S. 154	Aus: Arbeitsheft Religionspädagogische Praxis, 1980, Nr. III, S. 63 (Staunen-Danken-Loben). RPA Verlag, 84030 Landshut (leicht geändert)
S. 156	Auch durch Freude. Aus: R. Ahl (Hg.), Frauen beten ... mit eigener Zunge. Herderbücherei Band 1714. Verlag Herder, Freiburg 1991
S. 161	Eine handvoll fantasie. Quelle wie S. 116
S. 162	Ohne Regenbogen (Überschrift von Autorin geändert). Quelle wie S. 111
S. 166	© A. Steinwart – Aus: R. Ausländer, Ich höre das Herz des Oleanders. Gedichte 1977-79. © S. Fischer Verlag GmbH, Frankfurt am Main 1984
S. 179	© Th. Weißenborn
S. 181	Steinmeditation. Aus: H. Frevert, Wem gehört die Erde. Signal Verlag Hans Frevert, Baden-Baden 1984
S. 183	Quelle wie S. 156
S. 191	Quelle wie S. 78
S. 192	Aus: H. Brüggemann/W. Klinkusch, Höre die Stille. Verlag Herder, Freiburg [3]1995
S. 193	Aus: Körner/Kübler, Wie viele Farben hat die Sehnsucht. lucy körner verlag, Fellach
S. 197	Quelle wie S. 156
S. 209	Das Leben und die Wellen. Quelle wie S. 78
S. 216	Bedrängnis. Quelle wie S. 156 – Aus: B. Brecht, Gesammelte Werke. © Suhrkamp Verlag, Frankfurt am Main 1967, Band 12
S. 220	Karikatur: Quelle wie S. 79
S. 226/227	© Präsenz-Verlag, Gnadenthal, 65597 Hünfelden
S. 229	Aus: W.Willms, Mitgift. Eine Gabe mitgeben in die Ehe. Verlag Butzon & Bercker, Kevelaer [9]1993, S. 45 (gekürzt)
S. 236	Karikatur. Quelle wie S. 79 – Aus: R.O. Wiemer, Ernstfall. J.F. Steinkopf Verlag, Stuttgart [3]1989
S. 237	© W. Poeplau – Aus: H. Domin, Gesammelte Gedichte. © S. Fischer Verlag GmbH, Frankfurt am Main
S. 248 a	Paul Klee, Haupt- und Nebenwege, 1929, 90 (R 10), Öl auf Leinwand, 83 x 67 cm, originaler Rahmen. Wallraff-Richartz-Museum, Köln, Inv. Nr. WRM 3253. © VG Bild-Kunst, Bonn 1996. Foto: Rheinisches Bildarchiv, Köln
S. 252	Aus: H. Morgenroth, Den Brunnen aufschließen. Kösel-Verlag, München 1989

Fotos

dpa, Frankfurt/R.D. Wizany: *139* – Lothar Nahler, Hillesheim: *120, 198* – Bild-Poss, Siegsdorf: *20, 46, 70, 98, 148, 168, 230*